辉煌中国

MODERN CHINA'S INGENUITY

辉煌中国
MODERN CHINA'S INGENUITY

“辉煌中国”丛书

领跑
中国高铁

赵妮娜 著

CIPG China Foreign Languages Publishing Administration 中国外文出版发行事业局
外文出版社 FOREIGN LANGUAGES PRESS

总　序

习近平总书记指出："中国发展道路，就是中国特色社会主义道路。我们走这条道路，是历史的选择、人民的选择。"

新中国成立70多年来，特别是改革开放40多年来，中国人民沿着这条道路取得了举世瞩目的成就。中国已成为世界第二大经济体，14亿人民生活不断改善，创造了人类减贫史上的奇迹，中华民族实现了从站起来、富起来到强起来的伟大飞跃。

回望，是为了更好地出发。"辉煌中国"丛书，旨在全面反映中国各领域发展成果，特别是党的十八大以来党和国家各项事业发生的历史性变革和取得的巨大成就，深刻解读自新中国成立以来党和人民的奋斗实践，深刻解读中国历史性变革中蕴藏的内在逻辑，讲好中国共产党故事，讲好新中国故事，讲好新时代中国特色社会主义故事。

公路成网，铁路密布，高坝矗立，西气东输，南水北调，神舟飞天，嫦娥奔月，蛟龙入海，高铁纵横，世界第一制造大国出品的大国工程、大国重器，给了我们中国底气。

人民幼有所育、学有所教、劳有所得、病有所医、老有所养、住有所居、弱有所扶，物质文明和精神文明双丰收的行业成就，处处彰显了中国实力。

经济特区、沿海开放城市、自由贸易试验区、少数民族地区、特色旅游城市，多姿多彩的中国省市释放出中国活力。

工程重器、行业成就、省市发展，见证了中国人民筚路蓝缕、砥砺奋进，沿着中国道路一路走来的不易与艰辛，也见证了中国的今天，是中国人民干出来的。

眺望，是为了找到前行的方向。2021 年是中国共产党成立 100 周年，在中国特色社会主义进入新时代的当下，在两个“一百年”的交汇期，中国人民正在中国共产党的领导下，为把中国建设成为富强民主文明和谐美丽的社会主义现代化强国而奋斗。希望这套书能够帮助我们在见证中国辉煌成就的同时，站在新的历史方位，踏上新的征程。

杜占元

中国外文出版发行事业局局长

2020 年 12 月

序　言

2008年8月，中国第一条时速350公里的高铁在北京和天津之间开通，高铁开始在中国的大地上延伸……今天，世界高铁运营线路近七成在中国，世界商业运营速度最高的高铁在中国，高铁运量首个突破百亿人次的国家是中国。

面向世界，高铁是代表中国的“金色名片”。在神州大地，高铁改变了中国的时空概念，催化了一个个城市的新生和城市群、经济圈的到来。

人类历史上最大的城市化进程出现在中国，让数以亿计普通中国人的生活福祉大幅提升，高铁，是注定载入人类史册的力量强大的交通工具。

高铁带给中国人的自豪和自信跨越了国界，古丝绸之路上的中国瓷器和丝绸，今日“一带一路”规划中的中国高铁，穿越千年，中国制造换身为高端科技含量的“大国重器”，构建起了中国人的文化自信。

文化是一个国家、一个民族的灵魂；文化自信是更基本、更深沉、更持久的力量，事关国运兴衰。以文化传播之力，我们怎么向世界讲述中国自信的代表物之一——高铁?

这本书为高铁画了一张“素描”：中国高铁有哪些“线”？从“四纵四横”到“八纵八横”，中国高速铁路总里程将达到4.5万公里……中国高铁有哪些亮眼的“光影”？ 时速 350 公里线路占 1/3，有全长 2298 公里的世界最长高铁线路，有实现盈利速度最快的高铁线路……

中国高铁的建设策略、那些作为城市地标的高铁车站、中国高铁列车的家族谱、不迎接旅客却特别重要的高铁列车、全球最大电子票务系统 12306 的日常写真、中国高铁驾驶员的职业生活、56 个“陆地航母”高铁动车所的形象和功用……高铁领域的院士、中国高铁列车制造业的掌门人、设计世界最快的高铁列车的总工程师也来理性揭秘。

现在，让我们登上地表最快的大型交通工具——中国高铁，随书而“行”，感受中国自豪和自信。

赵妮娜

2021 年 11 月 9 日

目录

第三章 线路 / 107

第四章 车站 / 147

第五章 列车 / 163

第一章 素描

一、中国高铁素描

（一）141 亿人次运量的背后

普通人的旅行速度，一直是这个星球上人类文明进步的标志之一。

2008 年 8 月，中国第一条时速 350 公里的高铁在北京和天津之间开通，高铁开始在中国的大地上延伸……

——截止到 2021 年底，中国高铁运营里程达到 4 万公里，占世界高铁运营里程的七成以上。

——2010 年，创造了 486.1 公里的世界铁路运营试验最高时速；2017 年 9 月，“复兴号”动车组在京沪高铁实现时速 350 公里商业运营，中国成为世界上高铁商业运营速度最高的国家。

——全世界现有高速动车组 5100 多标准组，截至 2021 年年底，中国拥有 3500 多标准组高速动车组。

——每天开行动车组列车 7400 多列，日均 800 多万人次，高峰时超过 1800 万人次乘坐，截至 2021 年 6 月底，中国高铁已累计安全运送旅客 141.2 亿人次……

四个数据，奠定了中国高铁世界第一的地位。

拥有世界最长的高铁运营里程、最高的运营速度、最多的列车数量和最大的高铁客运量，中国高铁却如它的运行状态一样——安静地在站台等待，悄无声息地启动，沉静平稳地疾驰，温柔又精准地停站——在沉静之中，有力地改变着中国的交通格局、国家经济和普通人的个人生活。

（二）以每秒 100 米的速度飞驰的“白色子弹”

从天津到北京 135 公里仅用半个小时，从上海到苏州也是同等时间。在北京的上下班高峰期，城区的公共汽车半个小时也就走 10 公里左右。于是，一些人开始选择工作在一线城市，生活在二线城市，比如工作在北京，住在天津，这样的人越来越多，被称为“高铁一族”。

从车站开出的一趟趟高铁是中国最美场景之一

支撑起普通中国人这一切的是一直在延伸的高铁网络。世界高铁近 7 成以上在中国，所有其他国家的高铁加起来也没有中国多，而中国的高铁还在持续建设中。

中国高铁列车的车体选择了白色的底色，车身多以蓝色、红色和金色等不同颜色的条纹装饰。流线和简约到极致的车体，不是为了追求时尚外观，而是为了减少空气阻力。在车站里，它像是身型极长的没有翅膀的喷气式飞机，而实际上，以它们的动力加上翅膀的确能飞起来。

流线型的“白色子弹”

在旷野里，远远看到疾驰的列车会想到这是一枚 200 多米长带着窗户的“白色子弹”。

“子弹在飞”，以每秒 100 米左右的速度，10 多秒后就能彻底消失在视线之外。

摄影师王福春曾拍摄的《火车上的中国人》，击痛过许多人的眼睛。在旧日中国火车的车厢里，因为国土辽阔、人口太多，火车上的旅行常常呈现出的是无奈之下的局促与痛苦。

2011 年后，世界瞩目、以亿人次为客流计量单位的中国铁路春运图景展开，普通人回家的故事减少了艰辛和不安。春运的时候，当你在人流如织的中国高铁站站台上，看到列车送一批旅客抵达，半个小时后又带着一批旅客飞一样再次出发，会感叹高铁对我们生活的改变有多大。

10 多年来，中国人在高铁车厢内享受了一种全新而又体面的旅行生活：车厢里平稳安静；座椅要比飞机的宽大，可以旋转和倾斜；座位的前后空间足以伸开腿，还可以在车厢两端的公共空间里散步；车

宽敞舒适的高铁车厢

厢里配备了可与五星级酒店媲美的遮阳帘、灯光系统和卫生间；新出现的无线网络和在线点餐，能让你在高铁上享受舒适时光。

到 2025 年，中国铁路营业里程将达到 17 万公里左右，其中高铁里程达到 5 万公里。

链接 世界第一条高速铁路

世界上第一条高速铁路是 1964 年建成通车的日本东海道新干线，连接东京、名古屋和大阪，设计速度为 200 公里 / 小时。因此高速铁路的初期速度标准就是 200 公里 / 小时。

二、此高铁非彼高铁

（一）6000 多公里高铁线路不计入高铁网

中国高铁与其他国家高铁相比，除了路网规模世界第一，中国高铁还有哪些不同于其他国家高铁的亮点？

目前对于中国高铁运营里程的统计，是从 2008 年开始计算，2008 年中国高铁的里程统计为那一年开通的京津城际铁路的里程。之后，逐年累加，直到 2020 年底，中国高铁营业里程达到 3.79 万公里，占世界高铁总里程的 69%。

但是，有一个被忽略和暗藏的数据。

中国建设高铁的想法，最早出现在 1990 年，原铁道部完成了《京沪高速铁路线路方案构想报告》并提交全国人大会议。13 年后，时速 250 公里的秦沈客运专线在 2002 年建成，但是没有投入使用。

2007 年 4 月 18 日，中国铁路实施第六次大面积提速，对既有线进行改造，京哈、京沪、京广、沪昆等既有铁路干线开始使用高速动车组列车，运营时速 200 公里，总线路长度达到 6000 多公里。

根据国际铁路联盟（UIC）定义，新建铁路运营速度在 250 公里

/ 小时及以上，改建铁路运营速度在 200 公里 / 小时及以上即可称为高速铁路。也就是说，这 6000 多公里既有线改造铁路按国际铁路联盟（UIC）的定义，属于高速铁路。但是，中国未将这 6000 公里算入中国高铁里程——中国对高铁里程统计，从 2008 年新建的京津城际铁路开始。

在中国国家铁路局的《高速铁路设计规范》中，明确高铁级建设标准只适用于 2008 年京津城际铁路及以后建成的线路，之前的既有线铁路不属于高铁线路。

那么，中国的高速铁路的里程数就减少了 6000 多公里，换句话说：中国的高速铁路是全部新建高速铁路，中国是以新建高铁里程占据着世界高铁里程第一位的位置。

这是多么自信又骄傲的成绩。

（二）时速 300—350 公里高速线路至少占总里程的 1/3

中国高铁可分为时速 250 公里、时速 300 公里和时速 350 公里三种级别。

从 2008 年到 2019 年 11 年间，中国时速 300—350 公里的高速运营里程为 1.37 万公里，占高铁总里程的 36%。

2008 年 8 月 1 日，京津城际铁路开通运营，成为中国内地第一条设计速度 350 公里 / 小时级别的高速铁路。10 多年后再看这条消息，体会出从开始高铁建设，中国铁路就有的雄心：建设时速 300 公里以上是目标。

京津城际每小时 350 公里的速度，在 10 多年后的今天，依然是世界上高铁的最高运行速度，这种运行速度需要靠多项先进技术和装备来支撑。

于是，中国高铁有了世界上最快的高速动车组列车，有了最平稳的高铁线路，有了间隔 4 分钟的世界最繁忙列车控制系统……

2010 年 12 月 3 日，CRH380A 新一代高速动车组最高时速达到 486.1 公里，这是世界铁路运营试验最高速。

2016 年 7 月 15 日，“复兴号”高速动车组 CR400AF 和 CR400BF 以超过 420 公里的时速在郑徐高铁上交会，创造了又一个高铁速度的世界纪录。

现在，在中国高铁网的“八纵八横”干线高铁线路上，高铁的运营时速多在 300 公里以上，中国是世界高铁运营速度最高的国家。

链接 什么是“八纵八横”？

“八纵八横”是中国高速铁路网络的短期规划图。“八纵”通道包括沿海通道、京沪通道、京港（台）通道、京哈—京港澳通道、呼南通道、京昆通道、包（银）海通道、兰（西）广通道。

“八横”通道包括绥满通道、京兰通道、青银通道、陆桥通道、沿江通道、沪昆通道、厦渝通道、广昆通道。

（三）运行距离最长的高铁线路

对于中国高铁，谁是2020年时最长的高铁线路？回答是京广高铁，全长2298公里。这个数字加上广深港高速铁路的141公里，从北京过广州南站至香港西九龙站，全程2439公里。

这正是北京到香港西九龙G79的运行区间和距离，上午10:00从北京南站出发，18:58到达香港西九龙，2439公里停站加上运行，全程用时8小时58分。

穿山越水的高铁列车

京广高铁是最长的高铁线路，但是运行距离最长、运行时间最长的高铁列车并不是北京到香港西九龙的 G79。

2019 年，北京至北海的 G529 次列车全程 2675 公里，运行时间 15 小时 22 分，是当时全国运行距离、运行时间最长的高铁列车。

2020 年，G1284/G1281 次列车由沈阳北站开往重庆西站，列车全程 2858 公里，历时 16 小时 25 分，是新的全国运行距离、运行时间最长的高铁列车。

中国有许多趟长距离的高铁列车常年在竞争，随着中国铁路调图不断出现新的运行距离或者运行时间最长的列车。

即使不是最长距离的列车，成绩也依然惊人：哈尔滨西开往上海虹桥的 G1202 次列车全程需要 11 小时 26 分，全程距离 2422 公里；从成都东到上海虹桥的 D638 列车全程运行 1987 公里，列车全程用时 15 小时 7 分。在国外，高铁列车运行时间一般最长是 3 个小时左右。

（四）一大批“最强”列车

当你在北海穿着短袖上了 G529 次高铁，15 个小时后就到了北京站，秋冬的时候你得换上羽绒服。

中国辽阔的国土、巨大的高铁网，让许多高铁列车运行时间长达 10 多个小时。长距离运行，穿越不同的气候区，在高速中面对不同的地质，让中国高速列车从出生就自带基因，成为最强列车。

运营场景多样，让高铁要防风防沙防紫外线，更要耐低温和高温。新的中国高速动车组“复兴号”高速动车组，全部可适应零下 40 摄氏度到 40 摄氏度的运营环境。

穿越百里风区的 CRH2G 抗风沙高速动车组，以 200 公里以上的时速常年奔驰在风力 8 级左右的戈壁。

为了让长距离高铁旅行更舒适，中国推出了高速卧铺动车组列车，旅客可以躺着享受高速旅行。高铁上的卧铺旅行，是中国铁路独有的一种方式。

中国，不仅仅有最大的高铁网络，更有最强的高铁体系，这个体系包括了许多个世界之最。这让此高铁，与彼高铁十分不同。

运行在戈壁的高铁列车

链接 关于高铁的知识

不同国家的不同高铁定义时速

联合国欧洲经济委员会和国际铁路联盟认定高铁的标准较为接近：新建高速铁路的设计速度达到 250 公里 / 小时以上，经升级改造的高速铁路，在主要路段的容许速度达到 200 公里 / 小时。

高铁在不同国家的速度定义有不同。日本对高速铁路的定义是，凡一条铁路的主要区段，列车的最高运行速度达到 200 公里 / 小时或以上者，可以称为高速铁路。美国对"高速铁路"的官方定义为最高营运速度高于 200 公里 / 小时的铁路。在中国大陆，中国国家铁路局将中国高铁定义为设计开行时速 250 公里以上（含预留）、初期运营时速 200 公里以上的客运专线铁路，以 XX 客运专线、XX 城际铁路、XX 高速铁路命名。

还有哪些国家和地区有高铁？

目前世界上拥有高速铁路的国家及地区还包括：比利时、中国台湾、丹麦、芬兰、法国、德国、希腊、中国香港、意大利、日本、摩洛哥、荷兰、挪威、波兰、俄罗斯、沙特阿拉伯、韩国、西班牙、葡萄牙、瑞典、英国、美国以及乌兹别克斯坦。

三、低碳交通物种的环保报表

（一）能耗是飞机的 1/12

现实已迫使人类必须去热爱并严格遵循低碳生活方式。这时，高铁出现了。

乘坐京沪高铁从北京南站出发到上海虹桥站，需要 5 个小时左右。如果乘坐的是 CRH380AL 型动车组列车，能源消耗量是飞机的 1/12。

这是针对一条线路一种列车的测算，另一种全球公认的对比数字是，如果将普通铁路每人公里的能耗指数定为 1.0，那么高铁每人公里的能耗指数为 1.42，汽车为 8.2，飞机为 7.44。

在占能方面，高铁每人百公里能耗仅为飞机的 18% 和大客车的 50% 左右。在占地方面，与四车道高速公路相比，高铁占地仅为其 50%，完成单传运输量占地仅为其 10%。

如果淡化旅行时间，火车应该是我们的首选。如果既要旅行时间短，又要绿色环保，高铁则能两全。

从另一个角度看，高铁使用的是二次能源——电力，汽车、飞机

方便旅客的高铁快递

使用的是不可再生能源——汽油或柴油，所以就该角度而言，高铁也有优势。

三种交通工具的二氧化碳等有害物质的换算排放量为：公路为 0.902 千克 / 人，铁路为 0.109 千克 / 人，飞机为 635 千克 / 人。这个统计数据是针对铁路而不是高铁的。高铁二氧化碳排放量仅为飞机的 6%、汽车的 11%。2012—2019 年高铁完成的客运周转量与公路完成同样客运周转量时相比，二氧化碳排放减少 2320 万吨。

数据最有说服力，数据其实是在说：爱环境，爱低碳，爱高铁吧！

（二）高铁的每一次制动都在发电

在高铁行业，提高速度和节省能源，在设计之初就合并为同一个目标。为了让列车速度更高，列车重量应尽量轻；为了列车跑得更快，空气阻力越小越好。这个目标实现得好，列车所需的能源自然降低。

在汽车界，好车可能不是最节能的；但对于高铁，好的车型一定是环保的车型。

称高铁为低碳物种，还因为高铁有另一个神奇之处，即能源再生。

安装在高速列车轴上的交流电机，在高速列车制动后瞬间变身为发电机，将列车制动产生的巨大惯性能量转为电能，回送到电网。

仍以 CRH380BL 车型为例，当它在高速下每实施一次制动停车，将有近 3000 兆焦耳的电能回馈到电网。而 CRH380AL 车型的再生制动能量利用率达到了 90%。

另外，动车组列车内全部采用 LED 节能光源照明，新型动车组采用感应式光源，较普通列车节电更为明显。

（三）设定多速度等级也是环保行动

研究人员发现，高速列车在以时速 300 公里运行时，人均百公里耗电仅为 3.64 千瓦时，相当于客运飞机的 1/12，小轿车的 1/8，大型客车的 1/3。

但另一组运营试验数据更值得注意：时速 350 公里的高铁每小时耗电 9600 度、时速 250 公里的高铁每小时耗电 4800 度。也就是说，一趟时速 250 公里的高铁和一趟时速 350 公里的高铁在同样的线路上运营，时速 350 公里的高铁列车消耗的电量是时速 250 公里的高铁近 2 倍的电量。

高铁追求速度，但是需要在速度、成本、环保之间找出最佳答案。

于是，中国高铁并没有一味地提高高铁运营时速，时速 250 公里也成为主要的运营时速。在繁忙、客流高的干线高铁线路上多开行时速350公里高铁，在客流较少的线路上开行时速250公里高铁列车。另外所有线路都有两个速度等级的列车搭配出现，满足不同旅客的旅行需求，也是为了成本和环保。

一位高速动车组制造企业的管理者说，从中国开始生产高速动车组开始，我们企业制造的时速250公里高铁动车组要比时速350公里的多。

在发展高铁的过程中，人们关注于一次次诞生的最高速度，而决策者和工程师们关注的则是速度和效益之间的平衡。这样的理性，在中国高铁多年的发展历程和技术路线的选择中，常常发挥着隐形的决定性作用。

工程师们对高铁环保性能的提高一直没有停止，复兴号高速动车组比原来的和谐号高速动车组综合能耗降低了17%，1000公里就可以节省约2500度电。以京沪高铁为例，复兴号高速动车组的列车时速为350公里，人均百公里能耗3.8度电，全程耗电量约50度。

高铁，高速的工具，节能的交通方式。

（四）建设成本为发达国家的三分之二

高速动车组本身是绿色环保低碳交通工具。在高铁建设中，中国高铁选用“以桥代路”的方式，线路建设节约土地3/5。高铁车站的建设大量采用太阳能光伏发电、地源热泵等新能源技术，运营耗能大量降低。

有“基建狂魔”之称的中国，高铁工期相对所有国家最短。这不是抢工期，而是在确保了合理工期和工程质量的前提下，在建设高铁

高铁是绿色环保的大型交通工具

以桥代路的高铁

中推进工厂化建设，让施工方案、资源配置最佳匹配得来的成绩单。

于是就有了建设标准世界最高的京沪高铁，3 年半时间建成；2298 公里的京广高铁，边建设边运营，5 年时间全线贯通。

工期短，单位成本就比较低。根据世界银行 2019 年的研究报告，虽然中国高铁线路中高架桥梁和隧道占比很高，但高铁网络平均建设成本仅为其他国家的 2/3，高铁网络经济回报率为正。

链接 中国高铁建设造价

世界银行的报告指出，中国建设的高铁，时速350公里高速铁路的平均每公里造价（包括信号系统、电气系统和设施）约为1.39亿元；时速250公里高速铁路的平均每公里造价为1.14亿元；时速200公里高速铁路的平均每公里造价为1.04亿元。这一造价水平至少比欧洲同类基建造价低40%。

四、“中国制造”之高铁

“衣食住行”

博大精深的中国文化，有着将丰富繁杂的现实生活浓缩、简化的魔力。

生活就是“衣食住行”，这直白的四个字，通俗实在地囊括了人类进入文明社会最基本的所需。现实世界里，这四方面的物质是生活必备硬件，直接搭建起了我们的日常生活。

从远古到当代，“衣食住行”一直是人类创造世界的核心方向，不同的年代，乃至当下的每时每刻，这个星球上不同区域的人们，以智慧制造出不同的物品，美丽新世界多源于此。

历史中中国呈现给这个世界、代表着中国制造的产品，依着“衣食住行”一路走来。

这个时代，中国高铁给世界带来“行”的新方式。

1. 衣——丝绸

西汉时，中国丝绸出口古印度，行商的骆驼队越过沙漠和戈壁，踏出了从今天的西安到欧洲长达 7000 多公里商贸之路的雏形。到唐代时，这条长长的西行之路将中国的丝绸和瓷器，连续不断地输往欧洲。

17 世纪，中国的丝绸风靡于欧洲的贵族圈。那条陆地上最为漫长的商贸之路，被人们欢喜地称为“丝绸之路”。

这是中国商品的第一次出行，温柔又强大。

2. 食——茶

1607 年，一艘荷兰海船从澳门贩茶转运欧洲，这是中国茶叶不是作为礼品，而是作为商品大量销往欧洲的最早纪录。

17 世纪后期，欧洲人喜欢上了中国茶叶，中国茶叶还随着欧洲人的步履转输到北美，造就了当时中国贸易的别样风光。1886 年，中国茶叶出口量达 268 万担。

3. 住——故宫

明清两朝皇帝们的“家”是故宫。

这座位于北京市中心、中国现存最大的古建筑群，始建于 1406 年，14 年后才基本竣工。南北长 961 米，东西宽 753 米，面积约为 725,000 平方米的这一建筑群，讲东方风水，动用中式美学，又不忘实用性，于是明清 24 位皇帝就有了辉煌、精美和舒适的住处。

现在，每天总有数以万计世界各地的人们走进这个巨大的“家”中，感受其中浸染和隐藏的文化、政体和美学。故宫，因皇家身份集中式居住的优越于一身，是一份东方有关“住”的典藏品。

20 世纪后半叶以来，故宫是“中国游”必选项目。

与此相伴的，是中国制造的生活日用品在这一时期开始大量地销往世界各地。2000 年，中国对外出口总额为 2492 亿元，这个数据背后是中国带给世界的大量物美价廉的物品，比如欧美家庭使用的沙拉碗，近一半是中国制造。

4. 行——高铁

20 世纪，中国经济发展的大场景中，农民工出行和商贸旅行带来了以春运为代表的交通压力。

在这个人口众多、地域辽阔的国家，发展公共交通方式而非汽车类的私人交通方式，是政府的明智首选。而对公共交通工具设计，因人口总量大，应该是大型交通工具；因地域辽阔旅行距离长，最好是高速度交通工具——于是，高铁自然又必然地到来。

徐进牵着一双儿女的手从旧金山回到了北京。这个曾经的北京人去美国近 10 年后，在美国有了自己的房子，有了一对中文讲不利落的儿女。这一次的回国，是一次“告诉之旅”，他想告诉孩子们，父亲的故国是什么样。

徐进带孩子们去坐高铁，这是世界最高速的火车——当时速 350 公里的数字出现在列车车厢的显示屏上，孩子们激动地起身照相留念，兴奋地欢呼。

高铁，在当代代表了中国。徐进的孩子们回去后对朋友说：“那是个有世界上最快高铁的国家……”

中国有长城，但是长城是古代的。高铁不仅是当下的，而且是高科技的。高铁不再是人力堆砌加上时间积累形成的物品，而是来自智慧和创新，这是如此不同。

“衣食住行”，到了“行”这里，高铁是中国呈现给世界的又一个惊艳之物。

从丝绸到高铁，从基本的吃穿住到大装备，从手艺到工业化制造——这样的前行，令人骄傲。

链接 中国客运高峰——暑运

暑运是春运之外中国另一个客运高峰。每年暑运，铁路、公路、民航等相关运输部门都会有暑运计划及方案出台。与春运有所不同的是，暑运主要以高校学生暑假返家、开学返校、家长送新生入学和暑假旅游为主。

暑运一般从 7 月 1 日开始，持续 60 余天。暑运期间高铁会保持较高的上座率，有的高铁平均上座率达到 120%。

2019 年暑运 62 天，全国铁路累计发送旅客 7.35 亿，为近年最高。

五、高铁时间：中国独有两地距离表达方式

（一）越来越多的“高铁时间”

有个词慢慢地露了头：“高铁时间”。

从某地到某地，乘坐高铁所需要的时间，即“高铁时间”。在中国人的谈话中，“高铁时间”正建立起一种新的时间概念。

北京天津间高铁时间——半小时；上海和南京间高铁时间——1个小时；北京上海间高铁时间——5个小时；北京广州间高铁时间——8小时……

在较长的高铁时间里面，包括所经城市之间的高铁时间，比如京广高铁时间包括了武汉广州之间、武汉郑州之间、武汉北京之间，而京沪高铁时间则包括了济南南京之间、常州上海之间。

高铁时间不同于以前的“坐火车时间”，它总是以个位数出现，即使长达数千公里亦是：半径500公里的城市群高铁1—2小时，1000公里跨区域大城市间4小时左右到达，实现当日往返，2000公里跨区域大城市间8小时左右到达。对在机场过过夜的人来说，高铁时间是相对可靠的时间，可能晚点，但是它不会离谱得让你将候机厅

高铁时间

的椅子视为床或沙发。

当京哈高铁全线贯通时，在地图上让手指从哈尔滨开始向下一路移动，到了香港停住——这样的一条线，3000 多公里的距离，300 多公里的时速，那会是什么感觉？

专家们说，乘坐高铁的优势在 1000 公里距离左右。交通费得自己承受的工薪阶层知道：高铁是每年那几次集中的全民假期里性价比最高的出行方式。生活经济学产生实际性价比，专家的理论抵不过大众柴米油盐的现实计算。带上时间概念，高铁的优势人人心知肚明。

城市和城市之间距离以公里计，不同城市中我和你的相聚，最短曾以飞行时间计。现在高铁来了，在某些区段、某些时刻，由高铁时间来计原来最短。

（二）夜火车 晨火车

早 6 时的城市，是初醒的清静。城市人行道上能快速渗透积水的条形小砖,并不配合手里的拉杆箱,每一步都伴随着小滚轮的“嗒嗒”声。那声音单调而连续，类似火车过钢轨接头时的声音，只是细小，是“儿童体”。刚好，就是去坐火车，是去坐高铁。

现在起个大早去火车站，多数时候是去坐高铁。这样的出行节奏，因高铁而出现。

从前坐火车，稍远一点的地方，多会选择夕发朝至的列车，都是夜晚赶路清晨到。所以赶往车站的时间，常常在黄昏前后，是人潮汹涌的下班高峰期。而现在的你，一次一次地开始在清晨出发去坐火车，不，是高铁。那时街道上人还不多，那种相对的冷清带来的清新感与黄昏时的喧嚣形成反差，让人印象深刻。

有时会刻意地赶清晨七点钟前后开车的早班高铁。这个选择，痛苦的是得早起，幸福的是在还没有完全起床的城市里，出租车可能很好打到，因为车少，司机可以在街道上飞驰，然后用平时不可想象的短时间抵达车站，那种畅快加上之后高铁的 300 公里时速，忽然会让人在那些清晨有了放松和释然。几列高铁刚刚被推进站台，它们的身体里还带有夜晚空气的气息和早晨的清寒。这个时候，人和物都有一份慵懒的静，这在车站和旅行里很少见。

有一次，一天里两次路过武汉站，檐头高挑的车站在视觉里甚是出色，虽不能靠近，就已充满了想象。到了第二天，从武汉站出发坐早班高铁。车在微蓝色的晨霭里靠近白色的车站，下车的时候感觉包裹着车站的那一层夜气和雾气被踩散了。车站的人还很少，站台上很清静。车厢里的人不多，灯光从车窗弥散出来，不知为什么带着暖暖的浅黄。这清晨的出行，忽然有了手绘图画的美感，让人微微心动。这些感觉又奇妙又难以总结，在大脑里若隐若现，却还是让人愉快。

早班高铁

个体生活会不自觉地随着公共事物而改变，大到意识形态，小到一次出行。生活中的一切都在前行，现在高铁到来，习惯改变。

高铁是速度的方式，它带着人们快跑，也在许多个清晨将坐火车的人们从床上拉起，人们不再像从前那样常常在黄昏时去赶夕发朝至的火车。这改变到来得如此隐蔽却又强烈，旧日的夜火车，换身为晨火车。

新的再次成为习惯后，旧方式缩身为记忆。那里面，藏着的从来都是握紧也留不住的东西，是时光，是改变。

链接　高铁列车

在列车时刻表上人们习惯上称为“D”字头、“G”字头和“C”字头的列车多是高铁列车。

大部分的高铁列车都在每天早上 7 时至晚上 12 时之间开行。这样的运营时间安排原因有三：一是安全考虑，白天运营较安全。二是客流的原因，白天客流高。三是检修的原因。同普通铁路不同，高铁在夜间集中全线维护，这样的维护需要较长的时间。

六、随着高铁到来的中国新情境

（一）淡了别离

离情别意贯穿中国古诗歌，温润中国人上下五千年。现代人的生活里，近10年来，别离情同诗句一样，也越来越淡。

多久，没有去车站，站立在站台上送过人了？

而高铁，更是一种不送行的火车。稍留意一下，高铁列车的站台上，多见步履匆匆的出行者，少有倚窗而立的送行人。没有了送行的人，让别离的味道淡了再淡。

因为交通便利，因为比较容易相见，因为相见的频率加大，于是人们越来越乐于在饭桌上相聚，在餐厅里别离，而不是那火车站。

大家也不因此痛苦。

有一次去北京南站送人。开车近一个小时，在南二环上拐来扭去，终于到了北京南站。停车进站，在进站闸口收步，挥手作别。要离开的人在最后一刻笑了："我一个多小时就到站了，你那时没准还没到家吧……"

交通带来更多相聚可能，离情别意忽然像兑了水一样了，你忽然捕捉不到这其中的悲喜。那一刻，主角是我们彼此，生活是不卖票的剧场，道具之一的高铁，是如此强势。有时是暗自地喜欢它的强势。

在那么多的夜晚，在终于静止行为而不能静止心绪的时刻，想到远处家乡的父母，亲情乡情潮水一样漫溢出生活粗糙的堤坝。

那时会用高铁安慰自己一下，比如什么线通了，到北京才几个小时吧，回家去！或者是让他们来！心情雄赳赳，用高铁将疲惫又脆弱的自己安慰了一下，感觉舒服了许多。

这时，高铁不是交通的工具，而是个安慰的利器。

明白了，不是别离淡，而是淡了别离。

（二）安静的旅行来到身边

乱，隐含着不安；而静，则隐含着安全，所以才有“安静”这个词。

《情人》里，杜拉斯和中国情人在闹市里的小屋享受他们的时光，外面是集市的嘈杂，光线从木制百叶窗的间隙直射进来，在微黄光影的安静房间里，忘我地投身于物件之上。

2012 年的 10 月底，北京的天已黑得早了，刚晚上 7 点多，夜色全来了。北京南站的站台上，光线便是《情人》电影里的氛围，昏黄地。

车快要开了，旅客和列车员都进入了那在黑暗里用明亮的灯光勾勒得几欲通透的车厢里，最后的送别时刻到来，但是站台上没有人，一切安静得让人沉默。

离开站台，夜晚的高铁车厢很快进入了安静，即使灯光很亮，但是静的气息还是挡不住地来了。车窗外是这样流动的背景，当旧日车厢的局促、混乱、拥挤和总是赶不走的味道消失后，人和人之间的安静到来了。

特别是在清晨和夜晚的高铁车厢里，当高速带来窗外景物的迅速离逝，当大脑判断距离在这一刻一刻之中的变化，一个人独坐的安静，如此卓然。

看到树在快速后退，电线杆更是不例外，远处的村庄持重一些，可是还是一点一点地后移，然后在眼前消失。

这一种速度，这勇往直前的气势，这般地沉默。

奔驰中的中国高铁

移动的列车，静止的景物——这一刻，却是移动的景物，静止的列车。高铁车厢比其他车厢有更多安静。这来自不同的因素，比如人员组成，比如空间性习惯，在一个大多数人都安静的空间里，人们会自觉改变习惯，归于安静。

这是另一种习惯性无意识，用得上进步和文明这样的词来表扬一下。传统中国火车车厢的生活和感受已经改变。

链接　中国高铁网快速扩张

截至 2018 年年底，中国高铁网密度为 30.2 公里 / 万平方公里，到 2020 年，中国高铁网密度将升至 31.3 公里 / 万平方公里，至 2025 年，中国高铁网密度将达到 39.6 公里 / 万平方公里。

在中国，高铁运营里程达到 3 万公里，高铁覆盖了 80% 以上的大城市，大量覆盖二三线城市。“你的老家通高铁了吗” 的话题，持续成为网络热点。

七、普通人的高铁记忆：始于京津

（一）始于京津之间

天津和北京，它们彼此的存在就像白蛇和青蛇，白蛇肯定是主角，但是得有青蛇相伴，许多重要的事才得以有情节。以城为人，北京和天津在过往的历史里是并肩站立着的，只是身份不同，职责不同。

和铁路最有机缘的中国城市是哪一个？历史回答说还是天津。1881 年，在离天津不远处开始修建的唐山至胥各庄铁路，是中国真正得以实际应用的第一条铁路。1886 年，唐胥铁路开始扩建，1887 年修至芦台，1888 年修到天津，1897 年修抵北京马家堡，1907 年通奉天，始称京奉铁路。1911 年，津浦铁路全线建成。天津，多少有点国家铁路中心的地位了。

在 2008 年的这一年，同样是因为铁路，天津和首都再一次靠近，而且靠得如此之近。用时间来表达，是从天津到北京全程只需 30 分钟，就是比在北京坐公交车从公主坟到建国门还要快。

华北平原的春天到了，4 月还是很淡的那种绿，上京津城际列车，

唐胥铁路的
前世今生

倚在窗户边：列车出站向东而行，永定门一晃而过，蒲黄榆 20 世纪末的老式楼房直立在车窗右，穿过了玉蜓桥，沿南护城河走小小的一段至左安门就向东南奔去，出城是北京经济技术开发区地界，旁边是京津第二高速一直相伴……立刻，是田野扑面而来……立刻，天津站到了。

1994 年，北京到天津只有一趟“绿皮车”，每天两次往返，单程两小时；2007 年 4 月 18 日，北京到天津增开 12 对新型高速列车，全程 69 分钟。现在，京津城际铁路高峰时段 5 分钟一趟，和长安街上的 1 路公交车的频率差不多，而且还环境好有座位。

开车去天津，奔驰在京津二线高速上，高铁时时从旁边飞速而过，油门踩底，看着那白色的车总是将你彻底抛在后面，却绝不会恼，心想这真是个神奇的家伙。

天津高铁旁广阔的田野

京津城际是中国大陆第一条时速 350 公里运营的高铁线路，许多人对高铁的记忆从这里开始。

（二）1 万公里的想念

2008 年的冬天，赵达 7 岁，第一次坐高铁在京津城际铁路上。一大家人在早饭后出发，在北京南站停了车，买了时间最近的一趟京津城际车票上车。

穿着迪士尼卡通棉服，小孩赵达还不能理解车厢显示屏上的340公里/小时意味着什么，看着大人们激动地拍照，他的表情和他衣服上的那只有名的老鼠一样呆萌。在他还没有反应过来时，天津已经到了……

一家人出了站，走过那座有名的大铁桥，逛劝业场加吃饭，然后再转到海河边玩冰车，直到太阳挥手下班。海河西边的冰面映着太阳最后的金色光辉，还了冰车从冰面向天津站而去，坐上城际列车，半个小时后回到了北京……

像许多中国孩子一样，赵达之后的旅行多是选择坐高铁，从童年到少年。

从2008年到2021年，中国高铁运营里程，从最初京津城际铁路的166公里增加到4万公里，高铁已覆盖全国92%的50万人口以上的城市。

把这些数字具象化，就是如果你在中国出行，在绝大多数三线城市，你都可以有高铁坐，高铁会快速、准时地将你送达目的地。

高铁，从来到中国开始，就是这样一种坐过了就会印象深刻的大型公共交通工具，它的便捷和舒适，很容易让人喜欢上它。

北美冬令时期间，纽约和北京的时差是13个小时。

冬天的纽约常常会比北京还冷，北京孩子赵达会比其他时候更想家。4年前还是初中生的赵达开始自己的留学生活，1000多天过去，在大西洋边的这个城市里，他已经成为大学生，他知道哪家中餐厅物美价廉，到哪里能找到好吃的炒面、酸辣粉、奶茶……生活已经习惯，当1万公里外的家人在视频中问：想中国什么？赵达摸摸脑袋，慢慢地说：想坐高铁……

一种公共交通工具，离中国 1 万公里，零零后的想念——这是中国高铁的魅力。

想中国的时候想到高铁，许多身在国外的中国人对高铁的想念来得自自然然，真真切切。

八、2017 年，中国高铁的特别记忆

艾瑞卡的中国高铁旅行行程

2017 年，加拿大旅行者来到中国，像许多旅行者一样，将第一个目的地设定为西安。从北京到西安，艾瑞卡坐上高铁，1100 多公里仅用 5 小时 30 分钟。

在西安游玩结束后，艾瑞卡登上了开往成都的高铁，4 小时后到达。去看了都江堰，吃够了美食之后，她又从成都出发登上开往洛阳的高铁，5 个小时到达。然后她从洛阳到上海，当从虹桥车站下高铁时，车站的大厅里人流涌动。

在这个人口大国，乘坐高铁的人流让车站几乎要重新回到中国传统老式火车站的嘈杂中。上海虹桥站，在北京南站建成 3 年后，将亚洲第一火车站的皇冠戴到了自己的头上。

艾瑞卡觉得中国高铁像是由一节一节管道组成的白色滑行器，平稳快速地送人们前往要去的地方。2017 年 9 月，中国高铁在这一年再次全面提速，京沪高铁时速全面提升到 350 公里，提高幅度近 20%。

暑运是中国交通业的年度考试之一，在 2017 年温度极高的暑期，

中国高铁的热度也再次提高。62 天的暑运里，中国铁路输送近 6 亿人次旅客，其中 3.2 亿以上乘坐的是高铁。高铁在暑运中输送量同比增长 18.1%。对这个不低的增长率，人们习以为常，因为高铁到来后，客流量每逢节假日必增长。

京沪线上的一个晚点事件

2017 年的 7 月，中国多雷雨，18 日一条微信标题进入了许多中国人视线：《在延误的机舱里，我忍着泪为延误的高铁点赞》。天气原因致中国的民航系统大面积停飞，人们在机场等待起飞时间长的甚至达到了一两日。

上海铁路局一条小小的官微对大家说，今天京沪线的高铁列车大面积晚点 10 分钟……然后大家发现，高铁晚点是为了给检测列车让道，这是为京沪高铁运营时速由 310 公里向 350 公里提升的试验之一——今天的延误是为了明天更快。

两个月后的 9 月，铁路新运行图实施，京沪高铁全面提速，列车从北京南站出发，10 分钟后车厢显示屏显示：时速 352 公里。京沪高铁的运行时间压缩了近 1 个小时，中国最重要的两个城市之间以高铁定位的时间距离进入“4”字头时代。

在京沪高铁上奔跑的是真正的“中国速度”——“复兴号”动车组。全长 209 米、载客定员 576 人、由 8 节车厢组成的列车里，Wi-Fi 全覆盖，可随时随地上网；一等座 1160 毫米、二等座 980 毫米的座椅间距，与飞机头等舱的相差无几……

复兴号动车组以时速 350 公里的世界高铁商业运营最高速运行在京沪高铁上

CR400AF-2001

第二章

建设

一、中国高铁里程年历

（一）中国高铁里程世界 No. 1 年历

2021 年底，中国高铁营业里程突破 4 万公里。这个数据，依然是世界第一。这个世界第一，中国高铁从 2009 年开始获得，持续到现在，之后在一定时间内，也将没有悬念地保持着。

2008 年，中国的第一条新建并投入运营的高铁线路——166 公里的京津城际铁路开通运营。这一年的年底，中国高铁的运营里程达到了 1100 多公里。1100 公里要表达的不仅仅是高铁里程的数字，还要展示的是：中国建设高铁，不是为了给北京奥运会添加个亮点，不是建设一点尝尝鲜。中国要扎扎实实、认认真真全面建设高铁了。

京津城际铁路 2008 年 8 月 1 日开通运营，中国高铁运营里程的数据是 166 公里，仅仅 4 个月 120 多天后，中国高铁运营里程变为 1100 公里。

这个星球上第一个拥有高铁的国家日本，从 1964 年 10 月 1 日开始，第一条东海道新干线开通，到 2008 年年底，其高铁的运营里程是 2700 多公里。

2009 年，中国高铁到来的第二年，运营里程在年底达到 3400 多公里——排名世界第一。从此以后，中国高铁世界第一的地位没有改变过。中国高铁世界第一不仅没有被挤掉过，而且爆发出强大的成长力量。

2010 年，中国高铁的里程增加了 5000 多公里，达到 8400 多公里。

CRH380 和谐号动车

2011 年，中国高铁里程增加不多，总计达 8800 多公里。2012 年，中国高铁里程 9400 多公里。2013 年，中国高铁里程突破万公里，达到 11000 多公里。

2014 年，中国高铁投入运营里程出现新的高潮，这一年新增的 5000 多公里高铁开始迎接旅客，年底中国高铁里程达到 1.6 万多公里。之后 5 年持续稳定增长。

2015 年底，中国高速铁路营业总里程已达 1.9 万公里 。

2016 年底，中国高速铁路营业总里程已超过 2 万公里。

2017 年底，中国高速铁路营业总里程已达 2.5 万公里。

2018 年底，中国高速铁路营业总里程达 2.9 万公里 。

2019 年底，中国高速铁路营业总里程达 3.5 万公里。

2020 年底，中国高速铁路营业总里程达 3.79 万公里。

（二）回望 10 年成长路

2009 年，中国高铁运营里程开始排名世界第一，从此没有对手，高铁“老大”就这样一路绝尘而去。成为世界第一的中国高铁 2009 年会记住的，是京广高速铁路武广段开通运营。

京广高速铁路武广段简称“武广高铁”，早期称“武广客运专线”。武广高铁自武汉站至广州南站，运营里程 1069 公里，共设置 17 个车站。

2005 年 6 月 23 日武广高铁开工建设，2009 年 12 月 26 日开通运营，初期最高运营时速 350 公里。武广高铁的真实“身价”：这是中国第一条干线高铁，是京港高速铁路（北京至香港）的重要组成部分；第一条过千公里，长达 1069 公里；运营时速世界最高，最高运营时

武广高铁

速达到 350 公里。

2009 年到来的武广高铁立刻迎接了春运高峰，那一年许多珠三角回家的人转道武汉，武广高铁在春运中表现出色。多年以后，因为武广高铁，许多人认为中国在 2009 年正式进入高铁时代。

2010 年，中国高铁建设继续发力，投入运营的里程增加了 5000 多公里。这个数据是世界拥有高铁里程，除中国之外，排名第一和第二的西班牙和法国的里程总和。

2014 年是中国高铁值得记忆的一年，1.6 万公里，超过世界其他国家高铁的总和，还多出来 2000 公里。从 2014 年开始到 2019 年 5 年间，中国高铁投入运营的里程以每年三四千公里的增长进度稳定持续增加——高铁少年，已经沉稳。

2019 年底，中国高铁营业里程 3.5 万公里。

仅仅是 2019 这一年，中国有京张高铁、京雄城际北京大兴机场段、昌赣高铁、成贵高铁等 51 条新线建成。

更多的新高铁线路，还在建设中。

链接　中国高铁“之最”

世界等级最高的高铁：京沪高铁

2011 年 6 月，京沪高铁建成，全长 1318 公里。这是当时世界上一次建成线路最长、标准最高的高速铁路。2014 年 7 月 1 日，在开通运营 3 周年之际，京沪高铁正式盈利。

世界首条高寒高铁：哈大高铁

2012 年 12 月 1 日，中国首条也是世界第一条高寒地区长大高速铁路——哈尔滨到大连的高铁投入运营。哈大高铁全长 921 公里，设计时速 350 公里，纵贯辽宁、吉林、黑龙江三省。东北三省最低温度达零下 40℃，全年温差达到 80℃，是中国最为寒冷，也是温差最大的地区。

世界运营里程最长高铁：京广高铁

2012 年 12 月 26 日，世界运营里程最长的高速铁路——京广高铁全线开通运营，全长 2298 公里，全线设计时速 350 公里，初期运营时速 300 公里。

世界上一次性建成里程最长的高铁：兰新高铁

2014 年 12 月 26 日，兰新高铁全线贯通。全长 1776 公里的兰新铁路是世界上一次性建成通车里程最长的高铁。它途经烟墩、百里、三十里及达坂城等四大风区，是首条穿越沙漠大风区的高铁，它横穿中国海拔最低的吐鲁番盆地和海拔最高的祁连山高铁隧道，16.3 公里的祁连山隧道中的最高轨面海拔为 3607.4 米，被誉为“世界高铁第一高隧”。

世界高铁海拔最高点——兰新高铁祁连山一号隧道

二、从“4+4”到“8+8”

（一）2008 年的铁路大事

专业人士回顾 2008 年的中国铁路大事，那一年中国大陆第一条高速铁路京津城际铁路开通运营这条新闻，多半会附在一份文件的后面，这份文件就是——中华人民共和国铁道部的《中长期铁路网规划（2008 年调整）》。

京津城际铁路设计时速 350 公里，让中国正式进入了高铁时代，也成为世界上第四个系统掌握时速 300 公里以上高铁技术的国家。但是对于铁路行业的专业人员来说，像所有的铁路线一样，京津城际铁路带来的兴奋点是在项目审批完成，随之开工那个时间段，开通运营对于建设者是自然结果。

而《中长期铁路网规划》之所以成为 2008 年的大事件，是因为这是一个对中国铁路未来发展的规划方案，这个规划方案提出了“四纵四横”，这个“四纵四横”包含客车时速达 200 公里以上。

这个规划核心的概念其实是：构建中国高铁网。

京哈线

（二）“4+4”城市位置

高铁的“四纵四横”清晰显示一线城市的地理位置。

南北方向“四纵”之一京沪高铁：北京—天津—济南—徐州—蚌埠—南京—上海。全长约 1318 公里的线条勾勒下来很像一个曲项向天歌的“鹅颈”，除了蚌埠和天津，其他 5 个城市排列得均匀。

最喜欢的京港高铁一路向南，那是大侠剑落的气势，北京—石家庄—郑州—武汉—长沙—广州—深圳—香港，一路高歌，一世繁华。

京港高铁是世界上通车里程最长的高速铁路，喜欢它那气场、那傲气，那说不出的痛快淋漓和自负任性。

京哈高铁是高寒地带的高铁，它在地图上温柔地摆出曲线，像舞者低头时的后背，由下向上串起了北京—承德—锦州—沈阳—哈尔滨。

将杭福深高铁称为东南沿海高铁，是文艺和经济概念的叠加：大海在那里，在陆地的边缘，高铁如画在地图上的金线，将杭州—宁波—温州—福州—厦门—深圳连在一条线上。“一边是陆地，一边是大海。”若有诗情可如此抒怀。

“四横”比“四纵”队列练得好，它们从上而下、从南而北整齐地站立。最上面的那位“青太高铁”，全长约 770 公里，全线设计时速 200—250 公里 / 小时，中产阶级的状态很明显，在它一线上可以平和地画出青岛—淄博—济南—德州—石家庄—太原 6 位二三线城市。其实这一横不直，在济南垂直向上到德州。德州有京沪高铁和青太高铁两线通过，后生不可小视。

第二位是“徐兰”，从地图东面的徐州开始，商丘—郑州—洛阳—西安—宝鸡—兰州，这一线全长约 1400 公里，是老陇海的翻版。从连云港的大海向西到兰州，这是最直的一条线，又恰好地连起了中部那一串城市。未来可以预想的是，某一天从乌鲁木齐出发，一路高铁直到连云港的码头——那一路多么地痛快！

第三位排的是“沪汉蓉高铁”，这个名字就已定位了 3 个城市，而事实上它连起了上海—南京—合肥—武汉—重庆—成都。这一线的城市均实力不低，像是美国“梦之队”。

一路向南的京港高铁

第四位“沪昆高铁”并没有直直地站好，它从上海出来，先在杭州扭了扭身子，过了金华终于端正了一些，过了贵阳，又没有样子了。但是上海、杭州、金华、衢州、南昌、长沙、怀化、贵阳、昆明，这一线的城市太让人充满期待了，不张扬的它们携带着多少世事和味道呀。

（三）“8+8”到来

2016 年 7 月，新的《中长期铁路网规划》出台，核心内容是在“四纵四横”高铁网的基础上规划建设“八纵八横”高铁网。这个规划将让中国高铁从“4+4”晋升到“8+8”。

2017 年 12 月 28 日，石济高速铁路开通运营，至此，中国铁路“四横四纵”全部建成通车。这一年，“复兴号”动车组在京沪高铁实现 350 公里时速运营。

中国，成为世界上高铁运营里程最多、商业运营速度最高的国家。“四纵四横”高铁网是世界最大的高铁网。而一张全面覆盖中西部地区的“八纵八横”高铁网，也已经在建设中。

“四纵四横”高铁网是中国高铁的 1.0 版，让一张世界最大的高铁网投入运营。“八纵八横”高铁网是升级的 2.0 版，面向不发达地区，以改善民生、补经济发展短板为核心目标。

新的《中长期铁路网规划》出台的 2016 年，中国 GDP 增速排名前 10 的省份中，中西部占了 8 个，且前三位都是西部省份。而中国中西部路网一直不完善。

“八纵八横”高铁网中，新规划的纵向线路有：呼和浩特到南宁的呼南通道，北京到昆明的京昆通道，包头到海口的包海通道，兰州到广州的兰广通道。新规划的横向线路有：绥芬河到满洲里的绥满通道、北京到兰州的京兰通道、厦门到重庆的厦渝通道、广州到昆明的广昆通道——这几乎是中西部高铁“集体队列”。

从“4+4”晋升到“8+8”的中国高铁网建成后，高速铁路总里

北京至张家口高铁

程将达到 4.5 万公里，将连接起总里程超过 20 万公里的全国铁路网，基本覆盖 20 万人口以上的城市，实现相邻大中城市间 1—4 小时交通圈、城市群内 0.5—2 小时交通圈。

2018 年 12 月 25 日，哈牡高速铁路运营，哈牡高铁让哈尔滨到牡丹江运行时间由目前的 4 个多小时缩减到一个半小时。

2019 年 1 年来，哈牡高铁经受了冬季最低零下 35℃的极寒天气考验，累计开行动车组列车近 2 万列次，共运送旅客 770 余万人次。

哈牡高速铁路是“八纵八横”高铁网中最北边“一横”——绥满通道的一部分，绥芬河、牡丹江、哈尔滨、齐齐哈尔、海拉尔、满洲里被一线串起。那里，每天迎接着中国最早的一轮初升的太阳。

2019 年 12 月 30 日这天，北京至张家口高速铁路、张家口至呼和浩特高速铁路、张家口至大同高速铁路开通运营。新闻中介绍，张家口至北京最快运行时间将由目前的 3 小时 7 分压缩至 47 分钟，呼和浩特至北京最快运行时间由 9 小时 15 分压缩至 2 小时 9 分钟，大同至北京最快 1 小时 42 分钟可达。

新闻之外，中国人已经习惯关心的是：离我家最近的高铁火车站是哪个？

链接 “四横四纵”高铁网络包含哪些线路

“四纵”通道包括：北京—上海客运专线，北京—武汉—广州—深圳（香港）客运专线，北京—沈阳—哈尔滨（大连）客运专线，上海—杭州—宁波—福州—深圳客运专线。

“四横”通道包括：徐州—郑州—兰州客运专线，上海—杭州—南昌—长沙—昆明客运专线，青岛—石家庄—太原客运专线，上海—南京—武汉—重庆—成都客运专线。

三、“辽阔中国”带来全套建设难题

（一）与幅员辽阔携手而来的全套建设难题

从北边万里冰封的哈尔滨到南边天涯海角的三亚，从西边大漠关外的乌鲁木齐到东边魔幻之都的上海，中国幅员辽阔，南北相距约 5500 公里，东西距离约 5200 公里，陆地面积相当于整个欧洲面积。

沙漠中行走的中国高铁

崇山峻岭中，跨河连山的高铁桥

海边高铁

中国是世界气候带最多的国家，跨越热带、北亚热带、北温带、北亚寒带和高原寒带5个气候带，高原、山岭、平原、丘陵、江河、沙漠、戈壁、湖泊、海湾、海岛等，世界上的所有地形种类在这里出现。

复杂的地质地形、多样化的气候、相对恶劣的生态环境，让中国高铁建设的难度直线上升。

东三省地处高寒地带，冬季温度低至零下40℃，在这一区域的京哈、哈齐、哈牡、长珲是一条条“极地高铁”，它们的“人生”要面对极寒、暴雪和冻胀。

CRH2G耐高寒抗风沙动车组

杭深、青盐和海南环线高铁傍海而行，是“海边高铁”，在水天一色的海边奔驰，高铁线路和高铁列车要时时迎接台风，也要在腐蚀性很高的海洋性环境中更好地生存。

海拔 3607 米的祁连山隧道是世界高速铁路的最高点，兰新高铁通过它翻越祁连山脉，穿越沙漠戈壁，在百里风区与八级以上的大风相遇依然一路疾行西去……

京沪、沪宁、沪昆等高速铁路许多路段看似一马平川，地下却是十分难以对付的软土路段……

气温从零下 40℃到 40℃，海拔从高原到海平面，西北大面积的失陷性黄土，东部大量的淤泥质软土……中国高铁的建设不是几个类型、数个难题，而是多样复杂的全套难题。

世界高铁建设，没有哪个国家要面对如此复杂的建设环境，许多时候没有可以借鉴的经验，中国在特殊地质气候条件下的高铁建设，自然就成为世界首创，比如高寒高铁。

（二）一批世界第一的高铁大桥

赵光修建的第一座大桥是天兴洲长江大桥。那是 2003 年年底，刚刚大学毕业的他以实习生的身份到达了大桥建设工地，天兴洲长江大桥是当时正在建设的武广高铁的一座桥梁。只是，这不是一座普通的桥梁。

天兴洲长江大桥主桥长 4657 米，主跨 504 米，这让中国铁路桥梁跨度从 300 米级到 500 米级，超越丹麦海峡大桥成为当今世界公铁两用斜拉桥中跨度最大的桥梁。这也是继武汉长江大桥之后，中国第

南京大胜关长江大桥是世界上跨度最大的高速铁路桥

二座公路铁路两用斜拉桥，同时也是世界上第一座按四线铁路修建的大跨度客货公铁两用斜拉桥，为世界上载荷量最大的公铁两用桥。

武汉天兴洲大桥，也是中国第一座能够满足高速铁路运营的大跨度斜拉桥。

天兴洲长江大桥用了 5 年时间建成，之后赵光和同事转战京沪高铁南京大胜关长江大桥。

南京大胜关长江大桥是一座六跨连续钢桁梁拱桥，工程师们希望它体量大、跨度大、荷载大、速度高，满足京沪高速铁路旅客列车以 300 公里 / 小时、旅客列车以 160—200 公里 / 小时、地铁列车以 80 公里 / 小时通过的要求。

2011 年 1 月 11 日南京大胜关长江大桥正式投入使用，它是当时世界首座六线铁路大桥，是世界上跨度最大的高速铁路桥，也是世界上设计荷载最大的高速铁路桥。它和天兴洲长江大桥都获得了国际桥梁协会“乔治・理查德森大奖”，这个奖等同于桥梁界的奥斯卡奖。

现在，已经成长为中层技术管理人员的赵光参与的建设项目是沪苏通长江大桥。2020 年 7 月 1 日建成开通的这座大桥，是主跨 1092 米的钢桁梁斜拉桥结构，是世界上首座超过千米跨度的公铁两用斜拉桥。

进入 21 世纪，中国成为建桥大国，世界桥梁的多个世界第一出现在中国，其中许多是高铁大桥。

院士卢春房对高铁桥梁技术的概括通俗简洁：高速列车在通过时，桥梁要有足够的强度和稳定性。这简单易于理解的一句话背后，是复杂艰辛异常的结构设计、结构选型、材料、建设管理等的全面技术攻关。

在过去10余年的高速铁路建设过程中，郑州黄河特大桥、济南黄河大桥、宁安客专安庆长江大桥、大西高铁晋陕黄河特大桥、沪昆高铁北盘江特大桥、南昆客专南盘江特大桥、南广铁路西江特大桥等一大批特大高铁桥梁建成使用，其中，沪苏通铁路长江大桥、五峰山长江大桥两座主跨超千米和武汉天兴洲大桥等6座主跨超500米的世界级大跨度高铁桥梁，为世界瞩目。

（三）带着“之最”的高铁隧道

当高铁线路穿越山岭、城市地下、江河水下，隧道是主要的穿越方式。广阔的中国，高铁隧道要面对复杂的地质，岩溶、高地应力、涌水突泥等成为日常挑战。工程师们疏排、封堵岩溶水，加固岩溶，修“隧中桥”，解决了岩溶问题；通过预释放应力和特殊支护，解决了高低应力变形问题；通过超前地质预报、钻探等获取围岩准确信息，采用“注浆封堵、加固底层”的方法解决问题；还通过采取特殊洞口结构，增加隧道断面，优化断面形式，有效降低列车进入隧道和会车时的压力波，让车厢里的旅客感到更舒适。

2021年，中国已建成了广深港高铁狮子洋隧道、西成高铁秦岭隧道群等100多座10公里以上的长大高铁隧道。

狮子洋隧道是一个双洞单线水下隧道，长10.8公里，设计时速250公里，水下工程占总量的57%，隧道顶距水底仅7到9米，且全为淤泥或软硬不均地层下作业。在这样世界级的开掘难度下，首次以盾构法进行水下隧道施工。工程师们创新完成了结构耐久性、地下防坍、长距离掘进盾构等技术环节，建成了世界级难度的隧道。

京沪线黄河大桥

广深港高速铁路狮子洋隧道是中国里程最长、建设标准最高的第一座水下铁路隧道，到目前没有之一。

石太客运专线太行山隧道全长 27.848 公里，最大埋深 445 米，双洞单线，两线间距离 35 米，是目前中国最长的高速铁路山岭隧道。

石太客运专线太行山隧道

“人们看到的是数字带着‘之最’，而这些灿烂的概念都是工程建设者长达数年风餐露宿、竭尽心力换来的，现实场景里写满‘不易’两个字。”长期主持铁路隧道建设的卢春房院士说。

（四）中国技术 中国标准

运用遥感地质、大地电磁深层物探等先进技术勘察，判识滑坡、崩塌及活动性断裂等地质区；将路基工程由传统的“土石方”，转变为“结构物”进行设计，大量运用“以桥代路”。高铁全部采用无缝线路，京沪高铁全程1318公里没有一个轨缝，与之配合的是新产品高速钢轨、扣件、道岔等新型轨道设备，解决高温胀轨，让线路高平顺、高稳定。

中国高铁建设技术一个一个出现，建设者更看重的是建立高铁的中国标准，因为标准总是大于技术。

高铁中国建设标准包括建设技术、管理、作业三大标准。

例如，不同速度等级高铁线间距、最小曲线半径、竖曲线半径取值范围、限制坡度、最小隧道断面等关键技术参数。技术标准的建立要预设冗余，要在目标和成本中发现出最佳的平衡点。

中国350公里时速的高铁线路技术标准是曲线半径为7000米，竖曲线半径为25,000米。这个设定曾经让国际同行惊讶，但10多年后，他们对中国同行的技术标准有了新的认同。

中国高铁建设质量管理体系包括了目标体系、责任体系、制度体系、方法体系和控制体系。具象化的理解，就是高铁线路上的每一样设备，小到一个紧固螺丝，都有细化的施工标准，并可追踪到工作流程和操作人。

日常高铁线路调试

在中国，每条新高速铁路开通前，线路的联调联试和运行试验都会成为新闻热点。从这样的新闻里，人们知道一条新的高铁很快就要开通。高铁建设者却知道，线路的联调联试和运行试验是高铁建设的“高考”。

这种长达数月的高铁动态验收方法，是中国的一种创新，已经成为一个科学完整的体系，确保了高铁工程质量，让中国高铁体能非凡。

日常高铁线路维护

链接 沪苏通长江大桥

沪苏通长江公铁大桥是世界上首座主跨超千米的公铁两用斜拉桥，大桥主跨 1092 米，共耗用钢材 48 万吨，混凝土约 230 万方，工程总投资约 150 亿元。大桥上层为双向 6 车道高速公路，下层为双向 4 线铁路。大桥能抵御 14 级台风，8 级地震，10 万吨级船舶的撞击。“靠江靠海靠上海”的南通，长期以来没有直通上海的高铁。2020 年 7 月 1 日沪苏通长江公铁大桥建成，南通至上海间的铁路出行路径将实现“曲线变直线”，出行最短时间将从现在的 3.5 小时左右压缩到 1 小时 6 分钟，上海虹桥至太仓、常熟、张家港、泰州和扬州的时间同样也得到了缩短。

四、坚持不断“成长”的中国高铁网

（一）京津，兰新……京沪高铁盈利

近代以来，中国制造的工业品中，没有哪一个像高铁这样有着如此强大的改变中国的力量。作为大型高速的公共交通工具，中国高铁在中国人的生活和国家的经济中，越来越表现出强大的力量。

这种力量，被称为是一种改变中国时空的力量。

然而，同样是中国近代以来，没有哪种工业品如高铁这样，集荣辱于一体、融赞美质疑于一身。中国高铁的发展是一条荆棘之路，它今天的荣誉是与旧日艰辛对等交换得来的。

回顾中国高铁网的成长史，其中有如同孩子成长般的故事、情节。

20 世纪 90 年代，中国开始了对高铁的尝试。2002 年 10 月，最早的高铁试验线路——秦皇岛至沈阳客运专线出现在中国广袤的北部地区。

2008 年，京津城际通车，这是中国第一条高速铁路。此时，在 1000 多公里以外的中国南部，当时全长 1000 公里以上的武广客运专线正在全线建设。当然，世界瞩目的京沪高铁也在建设中，这条长

穿越戈壁、沙漠的兰新高铁

达 1318 公里的高铁，是当时世界一次建设里程最长、建设水准最高的高铁。

2011 年 6 月，京沪高铁投入使用。

第二年的 12 月，世界上第一条穿越高寒季节性冻土地区的哈尔滨至大连高铁建成运营。这里最低气温零下 41.4℃，冬季平均气温零下 25℃，比已经建成通车的其他国家寒冷地区还要低 20 摄氏度。

也是在这个月，全长 2298 公里世界上运营里程最长、跨越温带、亚热带和众多水系的北京至广州高速铁路全线通车。

2014 年 12 月，全长 1777 公里，世界上一次性建设里程最长、穿越沙漠戈壁和世界少见的百里大风区的兰州至乌鲁木齐高速铁路投入运营。航拍中，当白色的高铁列车在 1000 多公里戈壁沙漠线路、450 公里五大风区线路上疾驰时，没有人烟，没有植物，只有飞驰的现代高速装备，那画面如同是在另一个星球上拍摄的科技梦幻大片。

也是这一年，2014 年 7 月 1 日，在开通运营 3 周年之际，京沪高铁正式盈利。这是世界上实现盈利最快的高铁线路。2019 年 12 月 25 日，京沪高铁亮相 A 股，财报显示，按 2018 年 102.48 亿元的净利润计算，该公司平均每天净赚 2810 万元。

（二）2015 年高铁建设高峰期到来

中国以比其他国家低 1/3 的成本建设着高铁，高铁在中国地图上的身姿先是四条南北纵线和四条东西横线，又以此为主线，持续向中小城市延伸。

2015 年，从南京到杭州，从上海到南京，在经济发达的长三角区域坐高铁，已经如坐公交一样。在经济并不发达的中国东北部地区，这一年8月17日，哈尔滨至齐齐哈尔279公里的高铁投入运营。9月的第一天，沈阳至丹东的208公里的高铁开通运营。

合福高铁、海南西环高铁、郑焦城际、长珲城际、宁安高铁、成渝高铁、京保高客专，沪昆高铁新晃西贵阳北段、贵广高铁贵阳东至龙里北段……2015年这一年，中国开通了13条高铁新线。高铁建设的高潮集中到来。

2016年，中国开通了9条高铁新线。

2017年底，中国高速铁路运营里程超过2.5万公里，“四纵四横”高速铁路网在这一年基本建成，中国高速铁路建设走向“八纵八横”。

（三）最美高铁是哪条

在自然风光优越地区，一条新高铁线路开通，媒体会开心地称“乘坐最美高铁”。

合福高铁到来：“我是最美高铁。”沪昆高铁到来：“我是最美高铁。”贵广高铁到来：“我是最美高铁。”……

2018年，辽宁媒体说我们有了最美高铁——沈丹高铁，湖北称我们有了最美高铁——汉十高铁……这“争抢”里，有喜悦和开心。

《富春山居图》将中国风光美向世界，绘者黄公望在桐庐富春江畔一住4年完成了这幅传世名画。600多年后，杭黄高铁也是经过4年建设，于2018年从杭州出发，穿越《富春山居图》中的青山秀水通向黄山。

杭黄高铁设计时速250公里，1个半小时穿越沿途的7个5A级

景区。杭黄高铁说："我是最美高铁。"人们又开心地不断点头。

最美高铁是哪条？

中国回答："我可以告诉你下一条最美高铁是……"

最美高铁——沪昆高铁

最美高铁——贵广高铁阳朔段

和谐号
CRH

（四）属于一个城市的高铁

哈尔滨是中国最北面的省会城市，冰雕是它最吸引人之处。

2018年，以哈尔滨为起点，全长293公里的哈牡客专开通运营，牡丹江至哈尔滨列车最快运行时间由4小时30分缩短至1小时30分。在此之前，哈尔滨已经有了哈齐、哈大两条高铁线路。而从北京到哈尔滨的京哈高铁正在分段建设中，这是“八纵八横”高速铁路主通道京哈—京港澳通道的一部分。

还是2018年，设计时速350公里的济青高铁建成通车，由黄海海滨的青岛至济南、北京等中国多个城市的列车运行时间大幅缩短。

到2022年底前，中国将开工9个高铁线建设，包括渝湘、渝昆、渝万、渝西、渝宜、渝贵、兰渝等高铁项目，高铁线路总计1700公里。

（五）高铁新模式：环形线高铁

在海南的白沙细浪之中，海南环形高铁是一条海边的高铁，东线和西线分别建设再连接成环，在美丽的海南岛上形成的这个高铁“环”，连接了海南的主要城市，几个小时内旅行者想去哪里去哪里。

2020年4月10日，中国跨越三省环线高铁——成渝贵环线高铁连通成、渝、贵的城市群。成渝贵环线高铁在四川、重庆、贵州3个省级行政区之间跨省成环，这是中国首条跨省环线高铁。成渝贵环线高铁途经遵义、綦江、永川、荣昌、内江、资阳、眉山、乐山、宜宾、毕节等城市，全程约8个小时左右。

成渝贵环线高铁开通，形成城市群一体化交通，西南高铁网络再次强化。成渝贵环线高铁也显示出了一个新趋势：高铁网连通打造城市群一体化发展——这也是中国高铁网规划、高铁运营组织的新方向。

中国高铁网是世界上最大的高铁网，占比世界66%以上，且依然保持增长势头，这也让中国高铁网会在不短的时间里继续保持领先。

海南环线高铁

五、疫情后的“新基建”

（一）铁路在中国基础建设中有地位

2020 年新冠肺炎疫情出现后，经济下行压力加大，“新基建”一词进入公众视野。从 2 月 4 日到 3 月 4 日，30 天时间内，仅政府层面就至少 5 次部署与“新基建”相关的任务，平均不到一周就谈一次。

新基建的地位，可以形象表述为：中国经济的“擎天柱”和未来。

“基建”一词，是“基本建设”的简称，最早出现在第二次工业革命时代的法国。西方辞典对它的解释是：一个国家或组织赖以高效运作的基础系统。我们生活中的基本所需如公共交通、水电供应、通信服务等，都属于基本建设。

新基建概念对应的是旧基建，两者同宗，但是有着换代式的区别。

旧基建，可以通俗形象地理解为：修桥铺路盖房子。铁路、公路、机场、水利等重大基础设施建设是旧基建中的绝对主体，人们给了这些主要由政府投入的建设一个可爱的名字：“铁公基”——铁路被排在第一的位置。

成昆铁路第二双线

此“铁公基”没有“铁公鸡”的特点，相反在持续多年旧基建的建设热潮中，旧基建拥有着“大家一起走向幸福生活”的优秀品质。比如，新建一条铁路投资了1个亿，带动上游钢材、水泥的生产，建设过程新增了就业机会，建设完成开通又带来了运营服务的就业机会。大家有了工作收入增加，个人消费自然增加，于是进一步拉动了内需。“铁公基”起着中国经济“发动机”的功用，特别是在经济低谷期，在扩大内需、稳增长、稳就业等方面发挥了很强的拉动作用。从 2008 年到目前 10 多年时间里，这只“铁公基”一直拉着中国经济这列重载列车高速奔驰。

城际高铁 CRH6

（二）城际铁路是新基建主要内容

新基建并非是疫情之后新提出的概念。在 2018 年底召开的中央经济工作会议中就已明确提出“新兴基础设施”的概念。

与旧基建重资产的特点相比，新基建轻资产、高附加值是其在资本市场的突出表象，而高科技是新基建的核心力量。

旧基建依靠钢筋水泥，新基建则立足于科技。它既是基建，同时又几乎是高科技新兴产业的总称，是中国经济的未来。

新基建是数字化、智能化建设，既是新的经济增长点，也代表未来产业发展方向。而经济学家和科技人员，更愿意把新基建认定为来自经济“新旧”动能转换的强烈需求，是中国经济的“补短板行动”。

新基建主要包括 5G 基站建设、特高压、城际高速铁路和城市轨道交通、新能源汽车充电桩、大数据中心、人工智能、工业互联网七大领域。城际高铁内容被列在第三位。

不管是在旧基建中位列“铁公基”首位，还是新基建中的明确立项，轨道交通都是国家层面的基础建设主体之一，地位重要。

（三）高铁是“基建狂魔”主要代表作

2020 年 3 月中旬，疫情刚刚被基本控制，北京、河北等 13 个省市相继公布 2020 年重点项目投资计划，总投资额就达 30 万亿元以上。在大规模的投资计划中，“新基建”取代传统基建项目成为主角。

3 月中旬，GDP 总量多年全国第一的广东公布了 2020 年重大项目有 1230 个。在这个总值 5.9 万亿的“新基建”大盘里，有 9000 亿投在了轨道交通领域，占比达15%，而且轨道交通份额远超其他领域。排第二的人工智能约400亿，其后的5G、特高压仅约150亿。

在本轮“新基建”大潮里，轨道交通依然是重点之一，以城际高铁为代表的高速铁路建设依然位于重要位置。

2019年全国铁路固定投资完成8029亿元，国家铁路完成7511亿元。近年来，铁路每年的投资完成额基本保持在8000亿以上，高铁里程以每年5000公里的速度增加，2019年底，中国高速铁路营业总里程达3.5万公里。

中国被世界赞为“基建狂魔”，高铁是主要代表作。高铁是铁路在没有新基建概念前的“新基建”，多年持续的“铁路方式”，给中国经济带来了牵引能量，让旅客早早享受到了新基建的福利。

（四）高铁的“局”有多大

过去十几年里，中国高铁网“四纵四横”基本完成，高铁以高技术含量成为“中国名片”，目前正在推进的“八纵八横”建设，整体规划依然是新基建思路。

“八纵八横”路网方案实现后，远期铁路网规模将达到20万公里左右，其中高速铁路可达4.5万公里左右。全国铁路网全面连接20万人口以上城市，高速铁路网基本连接省会城市和其他50万人口以上大中城市，实现相邻大中城市间1—4小时交通圈，城市群内0.5—2小时交通圈。

所以，新基建中的城际高铁，其实是对“八纵八横”高铁网络的强化。这种特别的定位，也就注定了它的潜力和势头。

“新基建”核心在于“新”，专家指出，要因地制宜，针对不同地区的人口特征制定倾向型投资，重点加大人口流入地区的 5G、智能化、轨道交通和新能源等新型基础设施建设。

到 2030 年，中国城镇化率将超 70%，新增的 2 亿城镇人口预测有 80% 将集中在城市群，这给城际高铁留下了巨大的发展空间。

所以，城际高速铁路会不会修建得很多？回答是：你现在和未来乘坐次数最多的交通工具将是城际高铁。

当年建设中的北京南站

六、“高铁公交”即将成为现实

（一）你身边的“高铁公交”

城际高铁，在新基建中与5G基站建设、特高压、大数据中心、人工智能、工业互联网等并列，成为2020年的热词和“网红”。

什么是城际高铁？专业人士的解释为，这是高速铁路的一种类型，主要特点是线路距离较短、列车班次公交化，列车运行速度不低于250公里/小时，兼有城际铁路和高速铁路的特征。

城际高铁在设计速度方面有3种等级，分别是250公里/小时、300公里/小时和350公里/小时，350公里/小时的城际高铁多见于有特大型城市的城市群。

对城际高铁通俗的理解：城市群中连接城市和城市的高铁线路，速度有高有低；距离不长，多在200公里以下；公交化，高峰时常常几分钟就发一趟——城际高铁可以理解为相邻城市间的“公交高铁”。

城际高铁穿梭于城市之间

（二）2005 年开始的高铁人生崇尚低调

许多媒体在新基建推出城际高铁概念后，认为城际高铁是新兴的轨道交通类别。其实，早在 2008 年 8 月 1 日，中国新建开通运营的第一条高铁——设计时速 350 公里的京津城际铁路，就是妥妥的城际高铁。京津城际铁路 2005 年开始建设，也就说 10 多年前，城际高铁拉开了中国高铁建设的序幕，城际高铁对于铁路不是新概念新内容。

中国的第一条高铁是城际高铁，但是因为城际高铁上运行的车辆和高铁线路一样，随着高铁网的建设，原来的城际高铁融入高铁干线中，成为高铁线路的一部分，这让城际高铁的概念被淡化和模糊。

初期，城际高铁上奔驰的全部是和高铁线路一样的高铁动车组。2015 年，中车青岛四方机车车辆股份有限公司（后简称“中车青岛四方”）推出了城际高铁列车 CRH6，之后中车唐山机车车辆有限公司（后简称“中车唐山公司”）等也推出了城际高铁列车。新车型的出现，帮助城际高铁在旅行者那里确立着身份。

（三）总是自然而然成为高铁升级的代言人

如果说京津城际高铁是城际高铁的 1.0 版，城际高铁的 2.0 版也已经到来，这就是 2019 年 9 月开通的京雄城际铁路。

京雄城际铁路是北京与雄安新区之间的一条城际铁路，也是京昆高铁的一部分，京雄城际北京段于 2019 年 9 月 26 日开通。

京雄城际北京段有数个“第一”：世界第一条时速 350 公里列车

城际高铁是属于城市的一道风景

下穿航站楼的高铁，世界第一个拥有全生命周期 BIM[①]三维档案的车站——雄安站，中国首条高铁与机场无缝换乘的线路；中国首条全过程运用铁路 BIM 标准设计的智能高铁；中国首批 5G 信号全覆盖的高铁站——大兴机场站、雄安站；大兴机场站是中国首个人脸、身份证、护照、港澳通行证都可“刷”进站的高铁站……

京雄城际铁路北京段，以多项“世界之最”为世界高铁建设提供了新的“中国方案”。

① BIM 是基于三维数字设计和工程软件所构建的“可视化”数字建筑模型。

城际高铁 CRH6

因为城际高铁多数不长，一般不超过 200 公里。距离不长，建设就好控制。数字时代，那些总是系统性落地的新技术，更容易在短里程线路上应用，“短”身材的城际高铁自然是首选。

在大山戈壁上修高铁和在大城市的周边修高铁，从地理环境上相比，后者更有优势。

高铁建设过程总是长达数年，如果线路设在城市周边，则还有交通方式多，物流、信息流便捷，技术人员现场沟通交流方便等优势，这些都是其他线路没有的。

因此，城际高铁的建设自然而然成为通常情况下重要通用新技术试验的首选线路，也就总成为中国高铁升级的代言人。

目前，在中国已经形成包括京津冀、珠三角、长三角在内的20多个城市群。城市群内部要实现各种要素流动，城际铁路是不可或缺的。多年来，城际高铁也一直保持着持续的建设和增长，尤其以长三角城市群、珠三角城市群的城际高铁增长最为突出。

CRH

第三章

线路

一、京津城际铁路：保持最高时速的中国第一条高铁

（一）2004 年的规划，今天依然是世界最高速铁路

中国高铁第一次出现在世界面前，在 2008 年。

那一年的 8 月 8 日，北京奥运会将在北京举办。那一年的 8 月 1 日，在北京奥运会前一周，京津城际铁路开通运营。

被称为京津城际铁路的这条线路，其实是中国大陆第一条高铁。113.544 公里距离、350 公里设计时速、半个小时以内抵达，连接起了北京奥运会主办城市北京和协办城市天津，成为当年北京奥运会惊艳世界的元素之一，吸引参加北京奥运会的多国元首、政要、运动员和游客乘坐。多年之后，中国高铁这一出场方式依然是经典案例。

这条连接北京市与天津市的铁路，是中国建设投入运营的第一条高速铁路，建设时是世界最高标准。

2004 年规划之初，京津城际铁路的设计时速便被设定为 350 公里。10 多年过去，350 公里时速依然是世界高速铁路的最高时速范围。

京津城际铁路设计最小发车间隔为3分钟，到2020年，这个发车间隔在世界高铁领域依然居前列。

（二）打样品成为经典

京津城际铁路用时3年建成，2005年7月4日动工建设时，规划者、设计者、建设者都知道，作为中国第一条高铁，京津城际铁路是尝试线、打样线，也必须是一条只能成功的高铁线。

高铁作为中国轨道交通的换代方式，这是中国高铁的起跑线。

未来还长，起跑线的失败没有人能输得起。

京津城际铁路沿线地基多为软土、松软土，形象地说就是软泥。高铁建设在软泥之上，路基在这里会容易变形，桥梁出现沉降。那时，无砟轨道刚刚在中国落地，在此之前只是铺设了一段试验线。工程师们以桥梁替代传统路基，桥梁增加桩长桩径，采用可调高支座，路基在软土上扎实延伸。

北京、天津两大直辖市，寸土寸金。京津城际铁路广泛采用了桥梁替代传统路基，桥梁长度占线路总长度的87%，每公里桥梁平均节省土地44亩，全线节约土地1600余亩。

以桥梁替代传统路基——后来被简称为“以桥带路”的这一方式，被广泛应用在之后的高铁线路建设中。

2007年11月13日，京津城际铁路开始铺设路轨，2008年1月3天，全线路轨铺通。电气化工程完成后，2008年3月，京津城际铁路进入联调联试阶段，青岛四方机车车辆股份有限公司（后简称“中车青岛四方”）设计的CRH2C型动车组和唐山轨道客车有限责任公

京津城际铁路沿线

司（后简称“唐山轨道公司”）设计制造的 CRH3C 型动车组开始试跑。同年 6 月 24 日，CRH3C 动车组在京津城际铁路上试验时达到 394.3 公里 / 小时。

从线路建设到列车研发，打样线成了传奇，造就了经典。

这其实是中国工程界一直的习惯：哪有什么打样，让你打的就是模板。

京津城际铁路建设的工程技术人员，之后成为中国许多条高铁的管理者，京津城际铁路的技术积累在后来的高铁建设中得到应用。

2013 年 1 月，京津城际铁路工程获得中国国家科技进步一等奖。给一个并不长的铁路线颁发国家科技进步一等奖，不多见。

（三）半个小时从北京到天津

1994 年，北京到天津只有一趟“绿皮车”，每天两次往返，单程两小时。

2007 年 4 月 18 日，北京到天津增开 12 对新型列车，全程 69 分钟。

2018 年 8 月 1 日，京津城际铁路全部更换复兴号 CR400BF 型动车组，更为舒适。现在，京津城际铁路高峰时段 5 分钟一趟。

从北京西三环的公主坟上 1 路公交车，半个小时还到不了北京东三环的国贸站，从北京南站出发的京津城际铁路列车已经到站天津。京津城际铁路由北京南站始发，经天津站至滨海站。“京津一体化”在这个半小时里有了更多的可能。

二、京沪高铁：中国高铁实至名归的“队长”

（一）一次建成线路最长、时速最高、实现盈利最快

因为政治和经济的地位，北京别称“帝都”，上海别称“魔都”。京沪高铁，连接中国这两个雍容和繁华不相伯仲的城市。

2011 年，京沪高铁通车。这是当时世界上一次建成线路最长——全长 1318 公里，时速最高——设计时速 350 公里的高速铁路。京沪高铁所经区域的生产总值占中国总量的近一半——这是一条在中国经济最发达地带运营的高铁。

2014 年，建成刚 3 年的京沪高铁开始盈利，这是世界上最快实现盈利的高铁线路。

今天，一年有超过 2 亿人次乘坐京沪高铁。截至 2020 年 1 月 16 日，京沪高速铁路已开通运营 8 周年，共发送旅客 11 亿人次。

不管是当初的建设还是目前的运营，京沪高铁，被定义为中国高铁建设的样板，是中国高铁形象的代言人，实至名归的“队长”。

（二）在长达 18 年的准备中“衔玉出生”

即使在国人生活最为闭塞的二十世纪五六十年代，在“我爱北京天安门”的歌声里，在印有上海外滩天际线的人造革黑皮包上，人们还是表达了对中国两个身份独特的大城市——北京和上海的独特深情。

北京城和上海滩，中国南北两个最大城市的别称。连接这城和那滩的铁路，称为“京沪铁路”，始建于百年之前。

1897 年的北京郊外是什么样的天气？京沪铁路在这一年开始兴建。

一边是皇室居住之地、王权的中心，一边是出口贸易总额已占六成以上、东方最繁华的商埠，在中国两个最重要的城市之间的这条铁路，即使在当时只是一个构想，即使只能可怜巴巴地修建其中的一小段，即使是在旧中国，这条铁路注定也是要衔玉含金出生的。

最早兴建的京沪线是北段北京至天津段，最后一个王朝也将此作为王朝复兴最重要的项目之一，捉襟见肘地持续数年建设，以图在衰寂的神州点燃战线最长的工业文明之火。可怜的老王朝消失时没有看到铁路连通，接替它的政府也没有。直到 1968 年，南京长江大桥通车，津浦铁路和沪宁铁路越过了长江连轨接通，京沪铁路才真正地到来。

这条用了 71 年时间建成的中国版图上第一条南北干线铁路，之后一直是中国铁路运输最繁忙的干线——京沪线，其平均每公里客运密度、货运密度分别是中国铁路平均密度的 5 倍和 2 倍还要多。在我们个人的出行记忆里，许多次是穿行全线或是行走于京沪线的某一个区段。从建成到目前的40多年中，京沪线吸引着太多关注，这自然而然，也理所当然。

因为关注，在中国建设高速铁路之初，所有人几乎第一个想到的仍是在京沪间建设京沪高速铁路。1990年12月，铁道部提交《京沪高速铁路线路方案构想报告》，到2008年国务院批准开工报告，同年4月18日京沪高速铁路开工建设，从构想到开工用了整整18年时间。

无须去回放18年中一次次形成的新闻报道热潮，无须去表述这是继三峡电站、南水北调、西气东输、青藏铁路之后中国基础设施建设领域一项最重大的历史性宏伟工程，仅仅是这个长达18年的准备动作，再一次透露出来的是：没有哪两个城市之间的铁路能有这样的分量。

（三）中国科技最高奖

京沪高铁上，时速300公里的列车通过南京大胜关长江大桥只要10多秒钟。这座高铁一晃而过的大桥，它的体量却让人惊叹：是六线铁路大桥，其钢材的使用量是武汉长江大桥的4倍，主桥墩的承台面积有7个篮球场大。

南京大胜关长江大桥是世界上同类级别跨度最大的高速铁路大桥，是世界上目前设计荷载最大的高速铁路大桥。全长164.851公里的丹昆特大桥位于京沪高铁江苏段，起自丹阳，途经常州、无锡、苏州，终到昆山，为目前吉尼斯世界纪录所记载的世界第一长桥美国庞恰特雷恩湖桥的4倍多。这座世界第一长桥设计速度为350公里/小时，沿线跨越水面宽度20米以上的河道100余条，其中通航河流36条。阳澄湖桥段全长35.1公里，7次跨越阳澄湖湖区，跨越长度达5.9公里。

京沪高铁应用CTCS-3级列控系统，工程师们解决多条并线铁路无线冗余覆盖、与其他等级线路互联互通等重大技术难题，让京沪高铁高峰期列车运营间隔缩小到4分钟。

2014年，京沪高速铁路获得“2014年度国家水土保持生态文明工程”称号，这是铁路生产建设项目首次获此殊荣。

2015年，经过4年运营验证后，京沪高速铁路工程获得“2015年度国家科学技术进步奖”特等奖，这是中国科技界的最高奖项。

（四）四分之一的中国感受到

作家曹聚仁先生总结：知道不能掩饰，索性把尾巴拖出来，这是“海派”；扭扭捏捏，还想把外衣加长，把尾巴盖住，这是“京派”。仅仅是身份和地位，北京和上海的不同就已太值得对比和诉说了。同是风，作家王安忆说北京的风是浩浩荡荡的，而上海的风则琐细得多了，至于那些具体生活做派的不同，唇齿间的和纸张上的表述已算得上太多了。

京沪高铁的到来带给两个城市的，是烤鸭和南翔小笼包更容易品味到，是北京的大气和上海的精致更方便地互相学习，而核心的却是：京沪高铁让中国两个最大的、最重要的城市，得以建立起近邻式的合作。

5000年的生活经验让国人集体地认同一个规则：远亲不如近邻。

其实说的是：血缘很重要，协作在生活里回报更高。

商业社会迫使每个人成为工作者，商业社会中城市是集体性质的一个个工作者。工作的最佳方式是协作，协作中空间产生的距离最为棘手，所以我们希望地球是村，我们认定远亲的价值低于近邻。京沪高铁的到来，会让两个在中国经济中意味深长的城市靠近，更方便地建立起趋近于近邻的协作关系。

从北京南站出发的京沪高速铁路比原京沪铁路缩短了 45 公里，搭建起起点和终点都在市中心位置的 5 个小时京沪新旅程。出行的人会知道，这 5 个小时真实的含金量，在经济框架中也意味深长。

过往的历史制造了北京的贵族气、上海的绅士精神，南北这两个城市的不同气息，在 5 个小时就可抵达后，一定会彼此兼容。兼容是剂中药，慢火慢功夫，直接显现的，将是两个城市方便协作后带来的明显经济效益和社会效益。

这样的效益，不仅仅是上海、北京能感受得到，京沪高铁途经 66 个县、11 个百万以上人口的大城市，设 21 座车站，沿线居住着中国 1/4 以上的人口，GDP 占全国的 40%……所以，说京沪高铁让四分之一的中国感受到力量，这不足为过。

现在，京沪高铁每天迎接 50 万人次的旅客，也就是中国高铁六分之一的客流在京沪线，周六日、节假日的京沪高铁常常一票难求。最新的消息，京沪高铁二线已经开始规划，即将建设。

链接 京沪高速铁路二线

又称京沪高铁第二通道，简称京沪高铁二线，是中国“八纵八横”高速铁路网中第二纵，也是京沪高铁通道的组成部分，北京至上海的第二条高铁线路。2020 年处于规划和勘探中，2021 年部分路段已建成通车。

三、京广高铁：全长 2298 公里的世界最长高铁

（一）2298 公里

京广高铁是目前世界上运营里程最长的高铁，它从北京出发，一路向南，直到中国最南端的主要城市广州才停下脚步，全长 2298 公里。

这条长度惊人的高铁，经过北京、河北、河南、湖北、湖南、广东 6 省市，共有 36 个车站，将首都的皇家之气、中原的文化、两湖的精气神、广东的时尚锐意收拢在一起。

北京的皇帝之家故宫可以去看看，郑州少林寺的中国功夫可以练练，武汉的黄鹤楼虽然没有了仙人和黄鹤，还是值得一爬，长沙的橘子洲头浩渺安静，到了广州，早茶可以从清晨吃到中午依然不重样儿……

2012 年 12 月 26 日，由京石、石武、武广、广深高铁贯通形成的京广高铁，全线开通运营。北京至广州之间的最快一趟高铁的运行时间在 8 小时以内。中国的南方和北方之间，在陆地上自此开始相隔 8 小时的牵手并立。

在纸上画一下，想象了一下那样的一种南北相通。那景象，用“雄壮”两字来描述，恰如其分。

（二）低调的中国高铁“长子”

京广高铁的到来相对于京沪高铁，要低调得多，尽管它的长度比京沪多了1倍。

相对于京沪高铁从立项到兴建的纷纷扰扰，同是南北方向的京广高铁一直处于隐身状态，直到2012年这个概念才明确地出现在纸面上。这中间有一个最为重要的原因：它太长了，全程约2298公里。

1318公里京沪高铁是当时世界上运营里程最长的高铁，为了“建与不建”讨论了近10年之久，这一个是京沪高铁两倍的线路自然不便一下子提出来。

但是，事实上京广高铁比京沪高铁更早报到，这就是武广高铁，它其实是京广高铁南端的一部分。在京广高铁还没有公布之前，这条长大的高铁已经在分段建设。京广高铁分为北京到石家庄、石家庄至武汉、武汉到广州、广州至深圳四段来建设。这样的长度，即使是普通铁路，也必然分段建设，何况是高铁。最早还称为“武广客运专线”的武广高铁，2005年6月23日在长沙首先动工。武广高铁正式运营是在2009年12月26日这天。

从南端开始启动的建设带着谋略，武广高铁是中国高铁长大线路建设的开始，复杂地质下的建设所带来的经验，惠及之后的所有高铁建设。这一条全长1068公里设计时速350公里的线路，是这个国家高铁网绝对的“长子”。

京广高铁 CRH400AF 驶过郑州黄河大桥

京广高铁

（三）从北京到南中国的高铁通道

清晨，从深圳站出发乘高铁一路向北，300 多公里的时速下，代表南中国财富水平的景物快速地在车窗外飞翔，黄昏时，冀北平原的平坦直入眼底……

在此之前，T16 次列车从广州站到北京西站需要 20 小时 37 分钟。京广高铁，让首都和南中国之间的铁路旅行时间压缩了近五分之三。2018 年，深圳到香港段高铁开行通车，从北京将可以坐高铁直达香港。

普通人对这条高铁的定义通俗实在：在春运那样的时刻，可以躲过高价机票买高铁票了，这样回家的票好买一些、回家速度更快一些……

在中国的交通景象里，航空是一道虚线，它从天空飘过，运量不大；高速公路是落在地面的一条细实线，它所带来的能耗会让未来中国才下眉头却上心头。而高铁，是一道粗实线，因为运量、因为全天候、因为能耗低……

低调、淡定而来的京广高铁，国家知道它的能量，春节准备回家的南下打工者明白它的功用，这便足够。

链接 京广高速铁路

京广高速铁路是中国《中长期铁路网规划》中“八纵八横”高速铁路的重要“一纵”，呈南北走向。

京广高速铁路设计时速350公里，把环渤海经济圈、中原城市群、关中城市群、武汉城市圈、长株潭城市群、长三角经济圈、珠三角经济圈等经济区紧密联系在一起，纵贯北京、河北、河南、湖北、湖南、广东6省市，串起首都北京和石家庄、郑州、武汉、长沙、广州5个省会城市及众多中等城市。同时，京广高铁及其延伸线广深港高铁共同组成“京港客运通道”。

四、“沿海高铁”：镶嵌在海边的经济“金线”

（一）画线：中国经济区“组团”

拿一支笔在中国地图上从大连起笔，笔尖沿着中国优美的海岸线慢慢地向下移动：秦皇岛、天津、青岛、连云港、盐城、南通、上海……一直到北海。依着中国海岸线勾画出的这条线，是“八纵八横”高铁网沿海通道的优美身形。

这条正在慢慢成形的高铁通道，这条“海边的高铁”，在现实的中国经济版图上，是一条镶在海岸的金边。

将经济水平和地理位置相结合，包括辽宁、北京、天津、上海、河北、山东、江苏、浙江、福建、广东、广西、海南 12 个省 / 市 / 自治区的东部沿海地带，多年来一直是中国乃至世界的经济发展高地。

中国经济有“四极”之说，前三极分别是京津冀经济区、长三角经济区、珠三角经济区，以福建为主要区域的海峡西岸经济区和以广西和海南为主的北部湾经济区，一直都在努力争取成为“中国经济第四极”。

2019 年，世界和中国持续关注着一个未来有无限可能的新经济区——粤港澳大湾区。

还是那支笔，还是在中国地图从上到下，沿沿海高铁通道，在最上部画出环渤海经济区，然后是京津冀经济区、海峡西岸经济区，接着是长三角经济区、珠三角经济区、粤港澳大湾区，最后画出的是北部湾经济区。

落笔时会发现，沿海高铁通道是一条处于中国最重要经济带东部沿海地带的高铁通道，是连接中国经济“四极”的高铁通道，是连接多个实力经济区、拥抱最新到来的粤港澳大湾区的高铁通道。

将中国实力经济区“组团”，这是什么样的实力？这样的实力，决定了沿海高铁通道的地位。

高铁以自己现实的力量，用自身所携带的高速、客运、大交通方式这三大基因，打破了中国数千年的交通格局。

一线连接多个经济区，在生产总产值占全国70%以上、发展速度迅猛的经济核心地带的沿海高铁通道，是镶在中国海岸的经济金线。只是因为还在建设中，这条“金线”的实力还没有完全展现出来。

粤港澳大湾区的沿海高铁通道

北部湾经济区

（二）晕染：分段建设连通

在中国高铁运营里程迈向 4 万公里的画面里，会看到沿海高铁通道这条海边的经济金线是有规划地被慢慢“晕染”出来的。

《中长期铁路网规划》“四纵四横”建设，杭福深高铁是“四纵”之一。在福建省内，有多段线路临海而行，是真正的“海边高铁”。

长江入海口形成的冲积平原一过，中国东南沿海的地理主调立刻变了，山地丘陵贴近大海携手出现。在距离大海 300 公里的范围内，分列着众多东北—西南走向的山脉，武夷山、天目山、雁荡山、戴云山、莲花山屏风一样立起，承担起阻隔交通的“重任”。“闽道更比

杭福深高铁

蜀道难”的事实在缺少强力的宣传之下被淡化。但是在绵亘不绝的东南丘陵中，时速被限定在50—60公里的铁路线在福建境内曲折前行，且多为单线的现实，已经在最好地说明了此处交通的不同。“偏安一隅”成了福建交通的代名词。以福州、厦门为城市代表的闽省，铁路运输久来弱之。

由甬台温、温福、福厦铁路组成的这条高铁通道，给海峡西岸陆上交通一种柳暗花明式的场景。普通旅客个体的感受是：温、福、厦之间，旧日旅行中的时间之苦在开通那一天即刻消失。

宁波至福州间的旅行时间由20余小时缩至最短时间2小时41分，上海至福州由近17小时缩至最短时间6小时38分，杭州至福州由9个多小时缩至最短时间4小时19分。福厦高铁开通，福州至厦门运行时间只需1.5小时，比福厦高速公路行程缩短1至2小时，比原先福厦两地间坐火车中转绕行节约了10多个小时……

铁路旅行的过程和时空的定义，在东南沿海之地被颠覆，被重写。

在“四纵四横”基础上打造的“八纵八横”，将杭福深高铁继续向南北延伸，北上到达大连，南下到达北海——沿海高铁与中国的全部内陆海岸线完整契合，承担起了中国最有活力的经济区域的起承转合。

作为“八纵”中最东边且长度较大的一条，沿海高铁与“八横”高铁通道的连通交回很必然。而独特的是，沿海高铁与“八纵”中的4条也连通交回，这样的连通设计让人惊讶，也带来巨大的经济效益。不仅仅是和“八横八纵”的深度连通，沿海高铁在湛江与海南环岛高铁连接，在深圳与香港高铁连接，这样的连接不仅仅是多了一个“圈圈”和一个“小尾巴”，因为这个区域经济的活跃和独特的地理位置，大量的经济和社会效益即将到来。

（三）画卷：启动的金色引擎

数据研究表明，从一个国家的城市夜晚灯光中可以了解到许多信息，如人口密度、经济增长、对外投资、战争和经济衰退。从卫星拍摄的中国城市夜晚灯光照片上看，主要的光点集中在海岸线一带，又相对密集地连成一片。沿海高铁正是从这光带中穿过。

这里是中国乃至世界的经济发展高地，高端人才、资源、技术在这里聚集，对便捷和便利交通的需求度更高，沿海高铁在这里是大型交通工具，更是经济的金色引擎。现在，引擎已经启动。

在长三角和珠三角城市群，一线城市上班、二线城市居住已经成为一些人的生活方式。这是在一些经济发达国家比较多的现象，开始出现时是故事，慢慢成了日常。给这种变化强力支持的是高速轨道交通，即高铁。正在加快到来的沿海高铁会产生更广泛的助推。

上海的经济发展速度举世瞩目，上海依然期待沿海线路。浦东建设的重点目前明显在浦东新区的西北部，而东部和南部则欠开发。沿海高铁经过位于浦东新区东南部的祝桥地区和临港新城地区，这将强力拉动另一半浦东新区的发展。

从航运的角度，东南沿海不缺少交通。中国最绵长的海岸线和最适合做港口的区域集中在那里，自古以来，由北到南曲曲折折一条海岸线上，多少船只日夜忙碌，内河航运、沿海航运和远洋航运组成的航运，让这里几千里都是中国产品出口的始发地。沿海高铁建成，客流由普通铁路转移到高铁，为沿海铁路货运增量留出大空间，海港出口运输会得以提升。

随着粤港澳大湾区建设的加速，沿海高铁正成为新引擎之一，带动深圳这一全球科技产业创新中心成为“一带一路”交通枢纽的步速加快。

沿海高铁不仅仅美，还是海岸边的“经济金线”，即使没有全面建成，它的推动力也已经全面立体地展示。

福建临海而行的“海边高铁”

五、哈大高铁：世界第一条高寒高速“极地高铁”

（一）世界第一条高寒高速铁路

2012 年 12 月 1 日，哈尔滨到大连的高铁投入运营。中国东北，自此有了高铁。

哈大高铁最重要的身份是——中国首条也是世界第一条高寒地区长大高速铁路。

东北三省最低温度达零下 40℃，全年温差达到 80℃，是中国最为寒冷，也是温差最大的地区。哈大高铁是当时中国国土最北端的高铁，东北地区的严寒让它有了“极地高铁”的爱称。

哈大高铁的身形，是从地图上那只“中国公鸡”的下巴出发，向眼睛方向而去的一条直线。哈尔滨，北纬 45 度；大连，北纬 39 度，两者相连，形成一条与水平接近于 45 度的经线。

903.9 公里的长度算不上长也不短，但是它太直了。对比后发现，中国的高铁里真没有这么直的高铁线路。它设计时速 350 公里，纵贯辽宁、吉林、黑龙江三省。

行驶于高寒冻土地区的哈大高铁

（二）零下 37 摄氏度的“极地建设”

2007 年哈大高铁开工建设，当时面对的最大考验就是严寒。这是中国也是世界上第一条修筑在高寒冻土地带的高速铁路，防止路基变形和后期沉降是这条高寒地带高铁的关键技术。零下 37℃的低温让这条铁路的建设成为现实版的“极地建设”。

人类历史行进到当下，建设中最重要的材料是：混凝土。所有的建设都直接与混凝土的使用密切相关，所有建设依靠于混凝土的浇筑来实现。而混凝土的浇筑，一般需要在 5 摄氏度以上。

在东北，记录显示，近 30 年最低气温是零下 37℃，而气温最低的那一年，恰是 2011 年。从 2007 年开工建设到 2012 年底前才通车，哈大高铁的挑战之处正在于：超低温下的高标准高铁建设。

每年“十一”长假之后 ，东北的主妇们就知道该准备冬衣了，零下的温度很快会来，而且总是持续到第二年的四五月才褪去，严寒在这里是如此强势。于是，哈大高铁在冬季施工的箱梁预制和桥墩，也享受到了“寒衣”加身的待遇。

在东北长过半年的低温期里，用混凝土浇筑桥墩时，同步在桥墩外面建房子，房子里设炉子提高温度，刚浇注好的混凝土桥墩被裹上棉被和电热毯，以便让它们更好地凝固。哈大的桥墩多数是在“空中的房子”里成长的，“空中的房子”和桥墩同步向上移动。

建设好的桥墩立于地面，然后是箱梁的，路面几乎看不到，护栏一直连续地出现，再往上就是接触网了，几百根几千根地没有变化，“极地高铁”到来了。

过了 2012 年 12 月，说到“哈大”是指哈大高铁了，新来的这一位“哈大”将“老哈大”远远地甩在后面。

（三）高寒高铁持续延展

2014 年 12 月 15 日，“八纵八横”高铁网中最北“一横”的重要组成部分，哈尔滨—牡丹江的哈牡高速铁路正式开工，全长 293 公里，有39座隧道、11座车站、总投资367亿元，历时4年建成。

2018年12月25日，哈牡高铁正式开通运营，运营速度为250公里/小时。

2019年12月25日，开通运营一周年的哈牡高铁累计开行动车组列车近2万列次，在冬季最低零下35℃的极寒天气运行正常，全年有770余万人次的旅客乘坐。

在中国西部世界最年轻的高原——青藏高原，中国第二条进藏铁路——川藏铁路正在分段建设。川藏铁路雅安到林芝段穿越高寒区域，雅林段在准备开工中。

2020年7月20日，牡丹江—佳木斯的牡佳高铁佳木斯段正式开始铺轨。

在地球典型的高寒地区，中国高铁的延展一直没有停步。

链接 高寒高铁

高寒高铁指在海拔高或者因为纬度高而形成的特别寒冷的气候区修建的高铁。海拔平均每升高100米，气温要下降约0.6℃。青藏高原是最显著的因海拔而形成的高寒地区。中国的东北三省，是纬度高气温低的地区，冬季最低温度低至零下40℃。在高寒地区作业，低温、冻土、复杂的地质条件等给铁路施工带来极大的作业困难。

六、兰新高铁：横穿大漠百里风区

（一）世界首条高原和高海拔地区高铁

10多年前，一列从乌鲁木齐出发开往北京的特快列车，在戈壁滩上的百里风区遇到了大风，绿色列车上许多车窗玻璃和车门被大风吹走，从而被迫停车，旅客们在无人的戈壁上体会到了近乎世界末日的困境。列车当时就是运行在兰新线上。

2014年12月26日，兰新第二双线全线开通运营。兰新二线就是兰新高速铁路，它基本和兰新线走了同一条路线，要穿越茫茫戈壁。

连接甘肃省兰州市与新疆维吾尔自治区乌鲁木齐市的兰新高铁，穿过世界铁路风灾最严重的地区之一百里风区，这里年均大于8级大风的天气达到200多天。

横穿大漠风区的兰新高铁，是世界首条在高原和高海拔地区修建的高铁，全长1776公里，是目前世界上一次性建设里程最长的高速铁路。这条开往西部边疆的高铁，设计时速250公里，运营时速200公里。它把新疆拉入了中国高铁网，缩短了中国最西北的这个省份与内地的时空距离，也是亚欧大陆桥铁路通道的重要组成部分。

（二）属于兰新高铁的独特震撼画面

戈壁荒漠，狂风肆虐，寸草不生，没有人烟……一列白色的 CRH2G 疾驰而来，又瞬间消失，褐黑色的旷野再次回归空寂。这就属于兰新高铁的独特震撼画面。

坐在有耐高寒抗风沙性能的 CRH2G 车厢里，从兰州的黄河边出发，兰新高铁一路也是西部美景。

青海湖边门源的油菜花，绵延上百公里，宛如金黄的大海。中国万里长城西端的起点嘉峪关，这个中国历史上有名的军事要塞，在荒

兰新高铁

兰新客运专线穿过青海海北藏族自治州门源油菜花田

漠中站立。行到祁连山，世界上海拔最高的隧道群出现，万山空寂，即使是盛夏，山顶依旧白雪皑皑。

进入新疆后，列车一路向西穿越茫茫戈壁，达坂城湿地是兰新高铁途经的茫茫戈壁中唯一一块湿地，面积达 106 平方公里。这里绿草茵茵，水鸟低飞，牛羊成群。

2017 年 4 月 28 日，兰新高铁新疆段单日发送旅客达到 10,078 人次，首次超过 1 万人次，到 2019 年兰新高速铁路新疆段发送旅客超过 500 多万人次。

七、北京人最爱的三条高铁：京津、京张、京雄

（一）京津城际带来的双城生活

下午 5 时，陈芬拿起包离开办公室。坐电梯到写字楼地下层用了 2 分钟，再一个 5 分钟后她坐上了地铁 4 号线，10 分钟后到达北京南站，进站走到京津城际的快速检票口进站上车。

京津城际列车开车 26 分钟后，陈芬在距离北京 100 多公里的武清站下车，出站 8 分钟走进自己家的小区，此时的时间是 6 时多一点。

在工作日，陈芬每天坐京津城际列车和地铁上下班，用时比北京平均通勤时间 1.5 小时还要短。高铁不堵车，安全正点，100 多公里的上班路程对她没有丝毫压力。

武清的房价是北京城区的 1/6 左右，生活成本也低。每天坐着高铁的陈芬住着在北京城里不能想象的大面积房子，这里的绿地也可以让孩子痛快地从这头跑到那头。她认为这是一种幸福，这幸福依托于京津城际。

如果问北京人最喜欢的高铁，最早到来的京津城际高铁会列在其

中，因为它联系了离北京最近的直辖市天津，给了像陈芬这样的人另一种可能的生活方式。

（二）“1 号高铁”京雄高铁

2019 年 9 月开通的北京国际大兴机场，外形取意于凤凰。这只“凤凰”和北京、雄安新区，以一条高铁的方式“牵手”。

2016 年年底，京雄城际铁路开工建设，全长 106 公里的线路从北京西站出发，一路向南过北京大兴国际机场终至雄安新区雄县，全线有北京西站、北京大兴站、大兴机场站、固安东站、霸州北站、雄安站 6 座车站。

京雄城际铁路北京段，于 2019 年 9 月 26 日开通，高铁列车从北京西站出发驶入京雄城际，28 分钟到达大兴机场站 。

在京雄城际北京段开通日首发的 C2701 次列车上，有 551 人从北京西站前往大兴机场站。2 天之后，从 9 月 28 日至 10 月 7 日，京雄城际北京段在 2019 年国庆期间发送旅客 1.76 万人次。

现在，住在北京西南方向的人在订机票时，除价格外，会比以前更在意航班的起飞和落地的机场。北京太大了，从城市的西南赶到东边的首都机场，需要很长的时间，交通高峰期时间、更不可控。

如果是从北京的西南方向出发去北京大兴国际机场，7 号线、10 号线多条地铁和北京西站相连，出了地铁同一层就有京雄城际的快捷入口，直接就可以换乘，轻轻松松半个小时到达大兴机场。如果是从外地坐高铁过来要从大兴机场起飞，也很幸福。当然，最幸福的是从大兴机场落地，又在北京西站转高铁去北京以外的人。

2020 年底，京雄城际全线开通后，连接雄安新区。

北京长安街上著名的 1 路公交车，称为“大 1 路”。京雄城际被称为北京高铁“1 号线”。

从东到西的 1 路公交车 10 多公里最快需要 30 分钟以上。从南到北的北京高铁“1 号线”，106 公里，设计速度 350 公里 / 小时，未来在半个小时从北京城区直达雄安新区。

雄安新区投用后，京雄城际每天都会迎接数量巨大的旅客，北京高铁“1 号线”的未来注定是美好和重要的。

（三）“最聪明的高铁”京张高铁

北京人更愿意把京张高铁当成城际高铁来看待。

许多条地铁到达北京北二环的西直门站，不出站，在站里步行 5 分钟，刷脸进北京北站，就是京张高铁的站台。

2019 年 12 月 30 日京张高铁正式开通运营后，从这里半个小时到八达岭，出站就是景区；1 个小时到张家口，冬天滑雪，2021 年看冬奥会。

京张高铁让北京和张家口两地间的“轨道交通时间”从 3 小时压缩至 1 小时以内。作为北京冬奥会重要配套基础设施工程，北京至张家口太子城的冬奥会主赛场可在 1 小时内通达。京张高铁与张家口至呼和浩特、张家口至大同高铁相衔接，北京至呼和浩特可在 2 小时 20 分钟左右通达，北京至大同可在 1 小时 40 分钟左右通达。

老京张铁路是中国人 100 多年前自己修建的中国第一条铁路，总工程师詹天佑的努力被世代铭记。在老京张旧址上建设起来的京张高

京张高铁

铁，被人们从感情上看重，定义也就不同于之前。它被定义为“智能高铁”，这个定义在中国之前的高铁中没有出现过。

在高铁行业，京张高铁被定义是：世界上首条时速 350 公里的智能化高速铁路。这个定位的关键词是“智能化”。

无人驾驶技术是京张高铁智能化的主要内容之一，“复兴号”智能动车组列车的自动运行控制 ATO 相关设备，全程实现有人值守下的自动驾驶。列车按照地面调度中心预先规划的精准运行计划，能自动控制发车、加速、减速、停车。列车的安全监控系统是“随车医生”，2000 多个监测点对列车状态实时监控，列车运行中自感知、对故障自诊断、导向安全自决策。

无人驾驶是比较容易直观发现的智能化，智能技术更多的时候是“隐身大侠”，正在许多方面重新定义着高铁建设，推动着高铁建设的升级换代。

区域一体化发展是中国国家战略背景下的重要举措，想要推进经济发展一体化，交通一体化必须先行，轨道交通一体化是主体。

2019 年开始的有中国经济转型“发动机”之称的“新基建”的第三项是“城际高速铁路和城市轨道交通”。将城际高铁和城市轨道交通两个概念并列，传递出的也是轨道交通一体化的趋势。

由干线铁路、高速铁路、城际铁路、市域铁路、城市轨道交通组成的轨道交通网，近年来快速形成规模。解决城市通勤难，挖掘现有轨道交通运能潜力，最大限度利用和提升轨道交通运输效率，降低投资成本和运维成本等目标，让轨道交通一体化的发展方向明显。

回想一下去过的高铁站，有多少是可以直接换乘地铁等产生轨道交通——这其实是轨道交通一体化最基本的呈现。

城际高铁是离城市人生活更近的高铁，在北京普通人的交通体验中，京张高铁是北京北部增加的又一条快速出城的通道，它让许多居住在北面郊区依赖于快速通勤的人可以多一种选择，被许多人喜爱。

第四章

车站

一、北京南站：中国第一个高铁站

（一）前世今生

北京南站是北京火车站的前身。有历史学者认为，现今北京南站的前身马家堡车站，是真正意义上北京最早的火车站。

1902年，马家堡站迁到永定门，改名为永定门站。1988年，以在北京的方位为参考定名为北京南站。

老南站之破旧曾让首都人民汗颜，这个简易大棚式的车站缩在二环主路的南侧，被低档小铺和小饭馆包围，如果是刚从时尚富足的东二环过来，看到这里，会产生恍惚的穿越感。

北京的老南站

2008年8月的第1天，北京南站正式开始迎接旅客。北京南站随着中国新建的第一条高速铁路——时速350公里的京津城际铁路，一起新建，是中国第一个新建的高铁站，也是当时亚洲最大的火车站。

（二）现代版天坛、飞碟……

2008年8月1日，北京南站新站开通运营。资料上说，北京南站的设计取意是离它不远处的天坛祈年殿，它微微隆起的中央主站房和东西两侧钢结构雨篷形成了古典建筑“三重檐”的意韵，北京南站是现代版的中国天坛。

具有三重檐特色的北京南站外观

从谷歌地图上看，一个淡蓝色的椭圆形建筑出现在北京的南城。从空中俯瞰很像一个飞碟降落在这个世界级超级城市。大众的感受，觉得北京南站更像是一个“蛋”，而且是刚出锅的、刚剥开的、火候掌握得很好的一个“蛋”。“蛋”意味着新生，意味着给古老的北京城带来新意。

中国之前的许多火车站，常会让人在感觉上认为这是车站，而不是建筑，因为车站常常“不建筑”。从建筑的角度来看，车站常常无风格少美感。北京南站改变了人们对火车站的感觉和感受。2009 年，北京南站即被评为“北京当代十大建筑”。

（三）“巨大”与“新锐”

如果是从北京最北边的特大经济适用房住宅区天通苑出发，在天通苑地铁站上地铁，到西直门换 4 号线，便可以直达北京高铁的集中始发站北京南站。而地铁的站台就是北京南站的地下二层。也就是说，从几十公里外的北面赶到这里，1 个小时就够了。

从北京地铁出来，随着引导牌直接进入北京南站的候车大厅。出现在眼前的这个车站，整体气势不逊于航站楼，建筑用材时尚，细节精致。每次行走其中，现代建筑那种相通的触感被传输到大脑，在视觉之外，再一次强调这是现代火车站，这是火车站的换身之作。

北京南站的设计师泰瑞·法瑞曾表达过并不喜欢“大”的火车站，但这位大师设计的北京南站和广州南站却都以“大”而著称。

在使用了和美国帝国大厦一样多的钢材后，这个连接高速铁路、城市轨道交通和公路交通的巨大建筑体，在建成之初因为旅客不太多而显得空荡，让媒体和公众认为它过于浪费。现在，每年有两三亿人次旅客从这里登上高铁，在候车大厅常常不容易找到一个空位。

北京南站很大，它的地下停车场经常成功地将路痴的人搞晕，但是还是没有理由地喜欢这个巨大的建筑物，喜欢它的时尚和新锐，喜欢它的洁净和阔大，喜欢由此而来的出行人之间增大的距离感。这是我们的生活实实在在进步的一部分。

北京南站的候车大厅

二、中国高铁车站群体影像

（一）从火车站感受的改变

人流聚集所带来的那种焦躁感，可以抹掉那些地方本来的美丽。要证明这一点，火车站是典型的案例。

车站是个让人滋味万千的地方，对于稍远一点距离就以火车为首选交通工具的中国人来说，关于火车站的记忆是逃也逃不掉的。

可是，对于一个人口大国来说，对于一个经济正处于上升期、城市化脚步加快的国家来说，中国火车站的形象在每个人的记忆里，如油彩叠加的油画，厚重却不能归一为单纯和明确的感受。

这时发现，那些让人有好感的火车站常常是新建的高铁火车站。

没有哪一个车站被命名为高铁站，但是高铁车站和普通车站的区别还是很清晰和明显的。

高铁车站常常建得很大，这里面藏着综合的背景因素。中国高铁目前还处于“童年”，跟随着中国的 GDP 对交通需求的逐步升级，于是新建车站提前准备了空间存量，以备后期的增长带来的需要。

冗余设计，是所有基础建设规划的惯例。在中国这样一个人口大

气势恢宏的高铁车站

国、一个经济快速发展的地方，不预留会犯大错。

车站乃城市门户，在这个人们热爱乘坐火车的国度里，车站代表了城市面孔，地方政府多多少少会将高铁车站当“形象工程”来建设，于是统计城市地标建筑时，高铁车站也算一个就很自然了。

所有的这些叠加起来，最后的结果是高铁车站面积大、现代又时尚，有的甚至有些奢侈了。但是，过往几十年的车站记忆里，中国人太缺少车站的温馨和愉悦感受了，所以由现在的高铁车站来补偿。

昆明南站

杭州站

2008 年后，北京南、上海虹桥、广州南、武汉、南京南、杭州东、郑州东、西安北、成都东、（深圳）福田、贵阳北、昆明南等大批高铁新客站到来，高铁车站不仅成为重要的交通枢纽，也成为城市 20 世纪的地标建筑。

（二）上海虹桥站

常常被简称为“虹桥站”的这个车站是一个原本适宜出现在我们想象中的车站。静望着它：造型并不出色，像是一个巨大的灰色盒子，但是它拉开的巨大身形却带来魔幻般的感觉，如一个落地的“太空车站”。

历时两年多建成的上海虹桥站，在2010年7月1日正式投入使用。这时上海世博会刚开始两个月，虹桥站是和沪宁高铁一起送给世博会的两个交通礼物。

这是一个主体结构为钢砼组合构造的建筑。有人称，这是一个海派建筑，这的确是个含糊讨巧的描述。它的风格也相对质朴，由多个长方体组合而成，大量简单的直线条，不太注重建筑的厚重感，一眼看过去，它实在是太不海派了。

上海虹桥站候车大厅面积达到 11,340 平方米，最高可同时容纳 1 万人候车。这在建成时被称为史上最大的候车大厅，不设分隔全开放，让空间显得更为阔大、通透，进入者很容易在这里感受到这个车站的气势。

候车区的许多植物，从一个小侧面表达了文明进程，又代表了生活的状态。这话不见得全对，却是事实。植物会让人放松，因为人之初是在植物里穿梭，我们天生对植物有痴恋。候车区有观光平台，看着白色的动车组列车轻盈安静地来去，有种享受感。

这个时候，这个建筑物海派的味道真正出来了。

2019 年 11 月 26 日，以虹桥站为代表的长三角铁路 117 个车站启用电子客票，长三角高铁线路和动车组停靠站，全部迈入电子客票时代，刷证就能乘车，绿色环保，方便快捷。

上海虹桥站内景

（三）武汉站

和武汉站对视，它作为一个火车站，能轻松地让你折服。

诗意和现代——武汉站以这样的姿态出现在人们面前。波浪形的屋檐、通透的玻璃墙，这种现代建筑的手法被用到极致，就让这个建筑物有天外精灵、玉楼琼阁的气质了。

更为特别的是，当你不是站在地面，而是站在高架桥上离地面 10 多米高和这个建筑对视时，因为远离了地面水平线，空间视觉改变，而大脑里原来对火车站的概念和眼前的建筑强烈对撞，视觉冲击感真实而强烈。

武汉站的绿意让人难忘，如果有机会俯瞰它——北面是杨春湖，南面是东湖，那是武汉绿色和水域最多的地带，武汉站被安放在这一片天地之间。

（四）延安站

二等站延安站是最韵味绵长的高铁车站。只有 3 个站台 9 条轨道，总建筑面积 2.4 万平方米，设计最高聚集人数 3000 人。面积不大，旅客少，得到的关注度相对就低。

坐高铁路过，透过车窗里看延安站，夜晚的站台并没有开许多灯，候车室灯光是暖色的，却还是将大门的半圆拱顶和拱顶上装饰的五角星明晃晃地呈到旅人的眼前。

2007 年 4 月 18 日建成并投入使用的延安站，在整体建筑特点上借鉴了陕北窑洞的建筑特色，“五星”诉说的是它独一无二的故事。

延安站刚建成时，夜晚天空宝蓝，灯光勾勒了一个小小的车站，在深沉的夜色下，它安静、纤细，如穿着水晶鞋子的公主要去的宫殿。那种独特，那点情调，不是刻意打造，只是一点点细节默默地营造起来。

高铁从 10 年前连接大城市到现在连接中小城市，伴随着钢轨的延伸，像延安站这样有味道、有温度的火车站在中国越来越多，安静地陪伴着出行的人们。

三、北京火车站的高铁履历

（一）北京有 5 个火车站

高铁时代到来，列车快速到达，快速发出，列车常常在到达站台四、五分钟左右就会再次出发，高铁让火车站的旅客增加，流动加快，同时也对老式火车站提出了新要求，带动了在中国全范围火车站的新建和全面改造。

高铁让火车站改变，中国人开始有了新的火车站感受。

北京有5个火车站，分别是北京南站、北京西站、北京站、北京北站、北京东站。

在北京坐火车，一定要看清你出发的车站是哪个车站，火车站名一字之差，在这个巨大的城市你得为这个错误付出数小时的奔波，可能还赶不上车。

有一个简单的分辨方法：去北京以南沪深广方向的，坐车多在北京南站；去北京西北方向的，多在北京西站上车；去东北方向的，多在北京站乘坐；北京北站，在2019年年底重新开放，去往张家口、包头、呼和浩特的列车在这里发车；北京东站是市郊车和市域车车站，车站很小，旅客很少。

北京西站

北京的火车站，目前最新的是北京南站，最老的是1959年诞生的北京站。

在北京的南侧，从2019年起，一座改造新建的车站——丰台站开始建设。这座为了缓解北京西站客流压力，调整北京交通流向的新车站在2021年开通，共设17台32线，京广高铁、京港高铁在这里出发，坐京广铁路、京原铁路、京九铁路、丰沙铁路、京石城际铁路等线路的普速高速列车从这里上车。

也就是说，未来北京会有5个高铁火车站。

1. 北京南站

2008年8月的第1天，北京南站随着中国新建的第一条高速铁路——时速 350 公里的京津城际铁路一起迎接了第一批旅客。中国新建的第一个高铁站，是北京南站。

因为北京奥运会的举办，这座当时人口 1770 万的特大城市满是快乐和喜悦。那时候高铁对中国人还是新事物，整个 8 月，许多其他城市的人为赶往北京看奥运会，而买上票去坐一次高铁，被认为是行程里的精彩亮点。

当拿着车票进入当时的北京南站，人们总是会一惊。多年后许多人的记忆里还留着那份惊讶：那么大，候车厅望不到头；那么高，比航站楼的净空还高；那么亮，大量的自然光带来了通透感。而那时，车站里的旅客比现在少许多……

2. 北京北站

2019 年 12 月 30 日，京张高铁正式开通运营，北京和张家口两地间的“轨道交通时间”由 3 小时变为约 50 分钟。停运 3 年进行改造的北京北站恢复运营，去张家口的高铁在北京北站出发。

再次开通的北京北站，最多可同时迎接 3500 人，地上 6 层地下 2 层，站房建筑面积 21,442 平方米，共有 6 个站台。100 多年前的老京张铁路建设的北京北站候车室和站台遮雨棚，被作为文物保留下来。

北京北站地处北京西直门交通枢纽区域，在车站内部可以换乘地铁 2 号线、4 号线、13 号线，地铁换乘高铁的全部用时仅需 5 分钟。

车站成为交通枢纽，是高铁给中国火车站带来的又一种巨大变化，这对解决大型城市“交通难”作用巨大。

3. 北京西站

在许多中年人的记忆里，去得最多的是北京西站，因为在2008年前它是北京最大最好的车站。现在，高峰期间每天有60万人次从这里进出站，一年有近1.8亿次。

这个顶着一串中式帽子的建筑在你眼前站成一排，体积宏大。在过了二楼候车室检票口走上站台天桥时，如果向窗外看去，就会看到北京西站的钢桁架，那些钢铁构架密集复杂地组合在一起，在蓝色的塑钢窗外像士兵一样安静地站立成方阵，又如中世纪骑着白马的铁骑兵，让人莫名喜欢。

2012年9月22日，改造完成的北京西站南广场正式启用。北京西站的高铁列车始发多在南侧，从南广场进站坐高铁更方便。

一个城市车站的人生履历，诉说一个行业前进的脚步，见证着国家的进步。

链接　北京丰台站

丰台站位于北京市丰台区西三环和西四环之间，是中国首个采用普速、高速双层车场设计的现代化大型铁路车站。2021年11月23日，首趟检测试验车从北京丰台站发出，联调联试正式开始。

总建筑面积39.88万平方米，设17个站台32条轨道，比北京南站数量多，未来将是北京市重要的火车站。

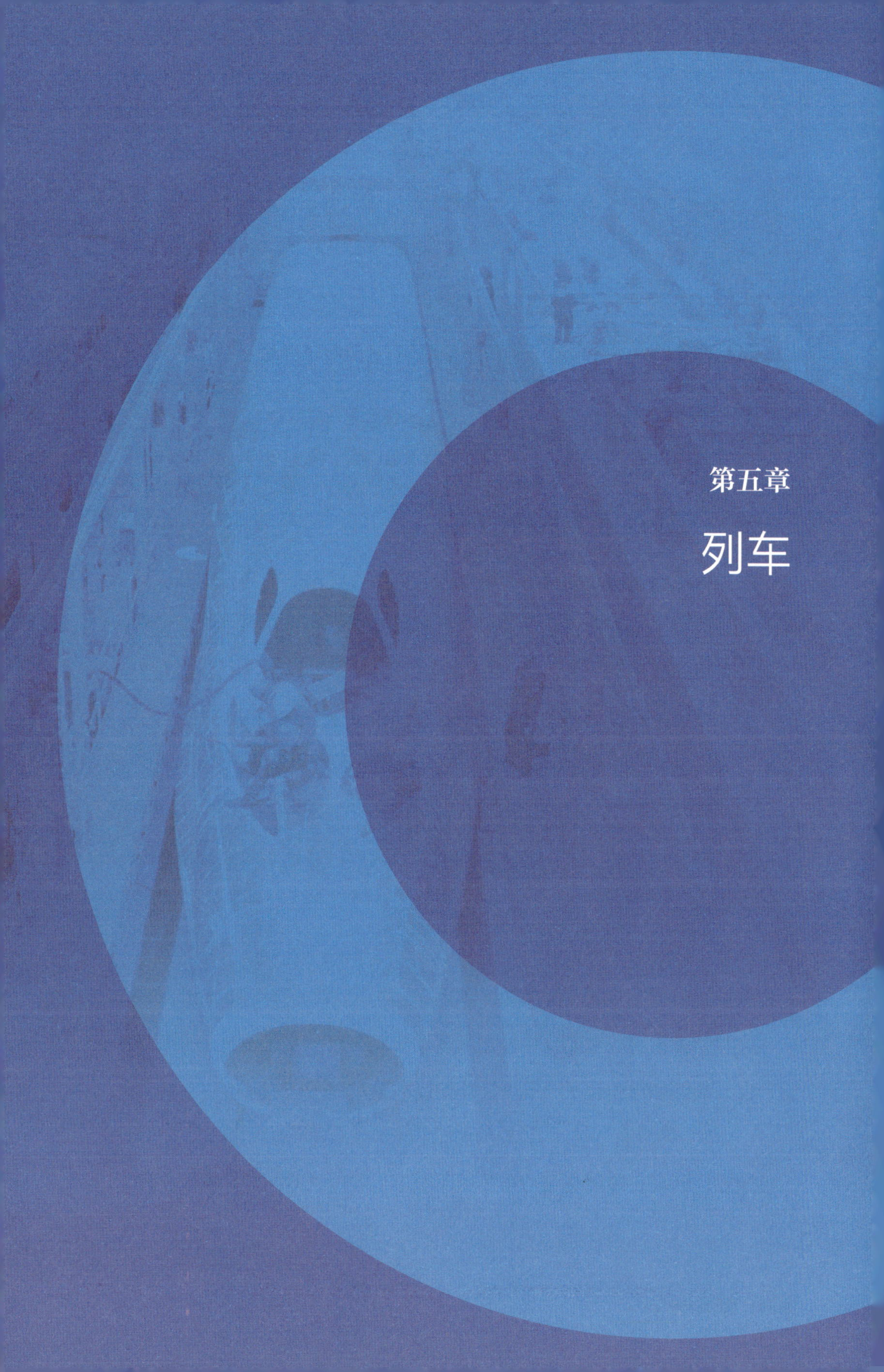

第五章

列车

一、中国高铁动车组车型合影

（一）3 个时代 2 个车系

高铁是一个庞大的体系，由线路、供电、车站、列车控制系统等组成。但对于乘客而言，身体最靠近的是高速列车，常常也对高速列车最为感兴趣。

怎么知道高速列车的车型？方法很简单，上车时，用眼角扫一下车门旁边车厢外的标志，就可以知道自己坐的是哪个型号了。

CRH1、CRH2、CRH3、CRH5、CRH380、CR400、CR300——记下这些字母和数字的组合，就知道了目前中国高速动车组全部的基本系列。

中国高速动车组的研发时间要比人们通常认为的早。1997 年，中国铁路就开始研制高速动车组，先后开发了近 20 多种样车，比如中华之星、大白鲨、蓝剑、中原之星等动车组。这些中国高铁启蒙期的产品，训练和培养起了一批设计师和技术工人。

2003 年，通过技术合作引进高速动车组技术，启动高速动车组的研发，到现在中国高速动车组呈现为 3 个时代、2 个主要车系。

中国第一代高速动车组主要是指：始于 2003 年，通过技术合作的方式从日本、法国、德国引进高速动车组技术，进行消化吸收再创新后，中国人自主设计和创新研发的一批高速动车组。这批高速动车组下线开始于 2006 年，主要有 CRH1 系列、CRH2 系列、CRH3 系列和 CRH5 系列。

中国第二代高速动车组：在将引进技术消化吸收后，2008 年中国高速动车组向更高的技术层面冲击，形成了完全技术产权的 CRH380 系列动车组。

中国第三代高速动车组：从 2015 年起，中国开始致力于建立高铁技术标准，高速动车组研发进入标准化时期，高速动车组互联互通得以实现，技术性能进一步提升。目前，中国有和谐型（代号“CRH”）、复兴型（代号“CR”）两个车系的动车组。CR400 系列属于中国第三代高速动车组。

（二）CR400：复兴者

2017 年 6 月 26 日，在京沪高铁两端的北京南站和上海虹桥站，“复兴号”双向首发。京沪高铁旅客占中国高铁旅客的 1/6 以上，“复兴号”CR400 系列让京沪高铁全程运行时间在 4 个半小时左右，京沪之间的高铁旅行时间缩短到 5 个小时。

2015 年，中国高铁的路网规模、运营时速、列车数量已经都是世界第一了，中国高铁动车组技术的下一站应该是哪里？高铁设计师们在思考。

之前的各型高速动车组因为型号不同无法重联运行，运营和维护中又因各个型号自成体系，成本加大、效率降低，这成为中国高铁第三代高速动车组设计的起因。

“复兴号”CR400系列最早的名字叫“中国标准动车组”。这个名字里藏着设计师们的一个强烈的愿望：尽快建立中国的高速动车组标准。

2016年7月15日，中国标准动车组CRH-0207和CRH-0503以超过420公里的时速在郑徐高铁上交会，创造了又一个世界纪录，全面验证了新车的性能。

之后，设计师们让两列样车在各种气候条件、不同线路上跑了60万公里，相当于围绕地球跑了15圈。欧洲、日本高速列车运用的考核里程，一般是40万公里。

2017年6月25日，中国标准动车组被正式命名为“复兴号”CR400系列。“复兴号”CR400系列的低阻力、流线型、平顺化设计，不仅能耗大大降低，车内噪声也明显下降。“复兴号”中国标准动车组列车阻力比既有CRH380系列降低7.5%—12.3%，350公里/小时速度级人均百公里能耗下降17%左右。

CR400全列车装有2500多个监测传感器，列车监测系统在1秒钟内能记录100万个数据，传给地面的控制中心，同时还能够对走行部状态、轴承温度、冷却系统温度、制动系统状态、客室环境进行全方位实时监测，全面监测列车运行状况，实时感知列车状态并记录各部件运用工况。列车出现异常时，可以自动报警或预警，并能根据安全策略自动采取限速或停车措施。

复兴号不同型号列车可以重联运行，这在以前的动车组上是不能

复兴号动车组在中车青岛四方交车线上

实现的。牵引、空调、网络等 11 个系统、96 项关键部件的统型，意味着不同厂家出品的高速动车组的统型零件能够互换，这让维护维修变得方便，成本降低。

全列由 50 多万个零部件组装而成的复兴号，设计寿命为 30 年或 1500 万公里，以前的动车组是 20 年。中国地域广阔，环境复杂，复兴号被设计为可以在零下 40℃到 40℃的环境里运行，适应性明显加强。

列车的高度从 3700 毫米增加到了 4050 毫米，乘坐座位加大，配备 Wi-Fi，这些都让旅行者欣喜。

到 2021 年，“复兴号”系列有 19 个车型号。CR400AF 的爱称是“红飞龙”，CR400BF 是“金凤凰”。这两个名字取意于它们不同的涂装设计。

名称中“CR”是 China Railway 的缩写，即中国铁路；“400”是指速度等级；“A”和“B”为企业标识代码，代表生产厂家，“A”代表四方股份，“B”代表长客股份；F 为技术类型代码，表示是动力分散式机车。

2019 年 12 月，复兴号智能动车组在京张高铁上线运营，在世界上首次实现时速 350 公里自动驾驶；2021 年 6 月，复兴号在 31 个省区市全覆盖，“复兴号”已成为中国动车组的主要系列车型。

（三）CRH380：承载自信之列

最高运营时速 380 公里——CRH380 高速动车组列车将这一堪比飞行速度的数字，作为型号中最重要的尾数。在铁路系统，人们更简化到只用数字来称呼：380！指的就是这一位。话语至此，多有雄赳赳之气。

在中国高铁连续开通后，设计者利用了京津、武广、郑西高速铁路成功开行的经验，对老车型在头型、气密强度、振动模态、牵引系统、弓网受流、智能化列车等方面进行了创新，在高速列车总成、车体、转向架、牵引与制动系统、减振降噪等关键技术方面获得实质性突破，于是成就了中国自己的更高级别的高速列车。

2010 年 12 月 3 日，CRH380A 动车组列车创造了时速 486.1 公里的世界铁路运营试验最高速。CRH380 高速动车组包括了 A 型和 B 型两种型号，CRH380A 由中车青岛四方制造，CRH380B 由中国北车唐车轨道公司和中国北车长春轨道客车股份有限公司（后简称“长客公司”）制造。

显然，不同于其他车型——一种型号只由一个工厂生产。CRH380 由多个工厂共同生产，而且这一型号新的车型在 CRH380A 和 CRH380B 外还将陆续出现。

CRH380 整装待发

CRH380 系列动车组分 8 编组和 16 编组两种车型，16 编组主要运行在繁忙的高铁线路。之所以推出 16 编组高速动车组，是因为高铁的旅客量在上升，8 编组已经不能满足需求。

CRH380 系列有青岛四方的 CRH380A 系列、唐车公司的 CRH380B 系列、长客公司的 CRH380C 系列和青岛四方庞巴迪（BST）公司的 CRH380D，4 种车型。

落日的霞光打在 CRH380 那个出名的灰色“长鼻子”上，流光溢彩，看着这个高速之物，想着它此前在钢轨上惊人地飞驰，会对“科技让人心动”的话语产生深深的共鸣。CRH380 就是承载了这样一种自信的列车。

（四）CRH1：平和者

CRH1 看上去平淡无奇，它几乎是带着一种方头方脑的线条出现，头型部分的过渡收敛让流线感全部消失。许多第一次见到这款车的人会带着疑惑：这是地铁吧……

低调的造型让 CRH1 显得有些老了，这也呼应了它是中国高铁第一款车的背景和历史。2007 年，既有线路改造提速到时速 200 公里时，CRH1 是绝对的主型车之一。

这个有着外资身份的车型和其他几款车的发展比起来，有些步调沉缓。到目前，CRH1 有 CRH1A、CRH1B、CRH1E 3 种车型，最早推出的 CRH1A 动车组为 8 节编组，采用交流传动分散式动力布局，运营速度为 200 公里 / 小时。之后推出的 CRH1B 和 CRH1E 两种动车组，均为 16 编组，牵引总功率由 5500 千瓦增加到 11000 千瓦，运行速度提升到 250 公里 / 小时。外形低调的 CRH1，以性能稳定享誉业内，主要运行于华东地区，广州至深圳是它最早的服务之地。

与其他车型相比，8 编组的 CRH1A 全列定员 668 人，同样是 8 编组的 CRH1E 达到了 734 人，比其他车型的定员数量多一些。CRH1 车门设于车厢中部，而不是习惯性地设在车厢两端。此外，CRH1 为不锈钢车体，而不是其他车型常用的铝合金车体。

细究起来，CRH1 牵引系统采用基于 IGBT 新型半导体开关器件的变流技术，车体为不锈钢整体承载焊接结构，列车网络控制系统采用 TCN 分布式智能网络系统，一系和二系悬挂装置提高了车辆的稳定性和运行品质。

虽然不能对 CRH1 的外形表示喜欢，但它却能让你在进入车内的那一刻起就心怀喜欢。CRH1 车内设施设计简洁，色调优雅，色彩基调多选用中性色，灰色作为底色大量运用，不管是座椅的底色还是行李架的边缘，甚至是饮水机的不锈钢材质，都顺应着那种灰调子。高贵的灰色上有一点点的紫或黄，车内灯光设置为微黄的暖色，温馨的感觉在高雅中又显现出来。

（五）CRH2：精灵 two

在四方股份公司的调试库，1 米多高的调试台位的端头，从相机的取景框里正视 CRH2 车头，这一端的头车正开着红色的尾灯，抬起或者降低相机的镜头，白色的 CRH2 在眼前像一种动物——红眼睛的兔子。

后来和他人说到 CRH2，对方称 CRH2 为“小白兔”，一是因为外形像白兔，二是因为型号是“2”，英文的“two”也应了“兔”的读音。

2007 年 4 月 18 日，中国铁路第六次大提速，这是中国铁路进入高速时代的起点，CRH2 型动车组是主型车，这可以视为“小白兔”一生的荣耀。

CRH2型动车组共有CRH2A、CRH2B、CRH2C、CRH2E 4个型号，CRH2A、CRH2B、CRH2E 为时速 200——250 公里动车组，CRH2C 为时速 300——350 公里动车组。

首批 CRH2C 型高速动车组于 2008 年 8 月在京津城际高铁投入运营，2009 年 12 月之后，又先后在武广高铁、郑西高铁和沪宁高铁等线路投入运营。

CRH2E 是世界上首款卧铺高速动车组车型

CRH2B 型高速动车组是 16 编组，全列定员达到 1230 人，客运量在各种高速列车里为最大。它的独特之处就在于16编组卧铺动车组，这是世界上唯一的卧铺高铁车型。

“小白兔”的灵活和适应性之强在高铁运营的圈子里颇有口碑。就像一辆汽车好不好，不是广告说了算，不是 4S 店的老板说了算，也不是价格说了算，而是用车的人说了算。

“小白兔”的主牵引系统采用了 VVVF 控制及三相笼型异步牵引电机，控制与诊断系统采用网络连接，动车组总线负责整列动车组的网络系统管理及信息传输，车辆总线负责车辆各设备与车辆终端控制装置之间的信息交换。动力和通信的耐用性设计提升了 CRH2 的品质。

CRH2 逐步显示出了强大的生命力。现在，在中国铁路运营数量最大的动车组车型，依然是 CRH2 型动车组，每日有近 200 列之多的 CRH2 型动车组在飞驰。从投入运营到 2010 年底，CRH2 型动车组单列最大安全里程已超过 200 多万公里。

CRH2 没有刻意地制造出一些高档的姿态，也许正是这样的定位让它有了更好的发展，从 CRH2 这里看到的更多的是实用、实惠。

（六）CRH3：猎豹身姿

在北京南二环方庄住宅小区的那些高层塔楼上向下看去，时速 350 公里的京津城际铁路就依着南二环一路向前。每隔 10 多分钟，高峰时甚至更短的时间里，CRH3 会奔驰往返。

站在高处的你不得不承认，高速列车几近悄无声息地快速来去，那种轻盈又迅速地视觉效果让人喜欢，而作为画面中主角的 CRH3，像只猎豹，很美很让人惊叹。

CRH3 牵引功率 8800 千瓦，运营时速 350 公里，启动加速到 330 公里 / 小时大约只需 6 分钟。

车体采用轻型铝合金材料焊接而成，车体外形呈流线型，采用高速转向架、防撞车体结构、空气复合制动和独特防火设计结构，提高了动车组乘坐舒适度和安全可靠性。动车组具有良好的密封性能，可以使旅客免受列车高速会车及通过隧道时，车外压力波对车内造成的影响。纯空气紧急制动时，速度在 350 公里 / 小时制动距离不大于 6500 米，20‰坡道可以安全停放，且有 1.2 倍的安全系数。尽管数据很重要，但乘坐者对这两个数据多半不会有太多的感觉。而当动车组以 350 公里 / 小时速度通过空旷平直线路时，在距轨道中心线 25 米和距轨面高度 3.5 米处测量的噪声目标值不超过 95 分贝，噪声值指标低直接给旅行者带来舒适。

同其他系列总是有多种车型不同，CRH3 只有一个车型，称为“CRH3C 型”。

（七）CRH5：普通人

主要在东北和华北地区运营的 CRH5，有“寒地列车”之称。

拍摄 CRH5，背景最好是东北冬日的白山黑水。由长客公司制造的这一款车，出生地在东北，运营地区也多在北方，于是北方之车自然地成为寒地之车，低温环境下运行成为 CRH5 的优势，最低运行温度达到了零下 25℃。

CRH5 这一特点，是个技术设定，也是机缘巧合。CRH5 和寒冷相伴而行，它的车头设有底部防雪保护，冰雪无法堆积。

“5 动 3 拖 8 编组”结构的 CRH5，牵引总功率达到 5500 千瓦，最高运营速度为 250 公里 / 小时，最高试验速度为 275 公里 / 小时。

远远地从正面望去，CRH5 的面孔直白，走到侧面，则看到头车的造型有着鸭嘴一般的曲线。有流线感，但这种流线感是带有直线感的流线感。CRH5 浑身上下，自带乡村式风情，质朴而动人。

在 CRH5 的车厢里，色彩营造了温暖和浪漫的气氛，座位头枕的柠檬黄和丁香紫挑亮了整个空间，使车厢里不再沉闷，但仍保持了整个基调的冷色，安静是底，灵动漂在上层，车厢里透着午后花园的氛围，这是新出厂车辆的原始车厢气氛，当座椅被套上其他色彩的椅套后，那种法国风情也就消逝殆尽了。另外，CRH5 全列定员只有 586 人。

CRH5 全列车共有 10 台动力转向架，6 台非动力转向架，其中动轴 10 根，拖轴 22 根。动力转向架为单动力轴形式，采用空心车轴、整体车轮、磨耗型踏面，构架采用焊接结构。CRH5 的转向架有 2 亿公里的运用经验，其质量稳定性足以让人放心。与其他车型不同，电机不是悬挂在动力转向架的构架上，而是悬挂在车体上，用万向轴来传递动力。当动力转向架上只安装着齿轮箱时，转向架的簧下重量明显降低。

从高处看下去，CRH5 在 3 号和 6 号车上各设了一个受电弓，但运行时采用单弓受流方式，另一个作为备用。车顶设贯通的高压母线，分别向牵引单元供电。

CRH5 只有一个车型，取名“CRH5A”。

我一直认为 CRH5 如同一个普通的人，没有特别的亮点，也没有特别的缺点，平平常常，踏踏实实。

链接　复兴号动车组 CR400AF/CR400BF 是怎样命名的？

“CR”是“China Railway”的缩写，即中国铁路；“400”代表速度等级，指试验速度可达时速 400 公里及以上，持续运行时速 350 公里；“A”和“B”为企业标识代码，代表生产厂家；“F”为技术类型代码，表示动力分散式机车。

二、高铁列车如何制造出来

（一）高铁列车制造的 3 个核心标配

21 世纪工业企业的厂房多是钢结构和彩钢板的组合，通常主体色是白色。大工业之下的新式厂房，外表平实，整齐统一，不追求特点。但是，在没有视觉特点、外表普普通通的厂房里，代表“中国制造”名片的高铁列车正在生产。

那些车间大门紧闭着，有人严格检查进出人员身份。高铁列车制造属于国家级保密项目，制造现场的安保在装备制造业一直处于最高级别。

高铁列车到底是如何造出来的？

在中国，也是世界高铁列车产量最大的企业——中车青岛四方机车车辆股份有限公司（后简称“中车青岛四方”）的制造现场，答案展现在我们的面前。

且不谈那些高深的技术，直观简单地说，高铁列车由四大部分组装而成：车体、转向架、车上下大部件、车内设施。在高铁列车的制造过程中，从时间上看，车体、转向架两部分同步进行，车上下大部件、车内设施同步进行。

车体在车体分厂制造组装，转向架在转向架分厂制造组装。车上下大部件、车内设施两部分常常称为“总组装”，包括检测和调试，通常在中车青岛四方的总装分厂进行。

车体分厂、转向架分厂、总装分厂 3 个分厂，是所有高铁列车制造企业的标配，也是高铁制造的核心部分。3 个分厂有各自成排的车间厂房，各自管理。但“3 位兄弟”总是尽量靠拢在一处，主要是为了方便成品的运输，因为他们制造的产品最终会集合在列车上。

车体分厂和转向架分厂因为都是以钢铁为原材料的生产车间，这两个地方的制造场面都很“重工业”，天车和电焊火花让初来者一时难以适应。总装分厂就安静许多了，几乎听不到噪音，是“白领环境”级的制造现场。

（二）轻量化之“骨”

车体是个什么东西？车体就像是列车的框架，是高铁列车之“骨”，是整车制造的核心技术之一。

在高铁列车的制造现场，车体的制造感最强。长达 20 多米的银色铝合金车体被不同角度地固定后，工人们穿着灰色的连体衣，戴着防护面具进行焊接，场面现代感十足。铝合金是一种银灰的色彩，被切割后切口处有刀刃的光泽。全世界高铁列车集体性地选择了这样的材料作为车体材料。

一个胖子想要跑得快会比一个瘦子困难一些。人们降低高铁列车重量的愿望越来越强，设计师们不由自主地想到了铝。铝的重量只有

高速动车组车体制造现场

钢的 1/3 左右，可惜的是铝的强度低，这也是早期的高铁列车采用耐候钢材料的主要原因。铝合金的出现，让铝不再“文弱”，铝合金就像既瘦又强壮的汉子，这一材料迅速被用在高铁列车上。

高铁列车的重量降低，在行业语言里称为“轻量化”。

“轻量化”后不但利于提高速度，也更为节能。因为重量轻可以少用电，同时也减少了对轨道的磨耗。“轻量化”还有利于降低噪声，让高铁列车这种安静的火车更为低噪，来去悄声。

目前中国动车组铝合金车体采用的是“大截面中空挤压型材构成的筒形结构”。这个绕口的名称通俗点说，就是“马蜂窝”钢材，即中间是空的，是两个面之间夹着支撑的筋板，增加了强度而重量得以

高速动车组车头制造

减轻。当初这些材料是进口的，现在高铁制造企业和国内铝型材专业厂家联合设计，已全部实现国产化。

两车交会时会产生巨大的空气压力波，这个压力波主要由车体来承受。这时，车体首先要保证安全，还要保证气密性。气密性的好坏，乘坐者会有直接的感受，飞机起落时内外压力差给乘坐者所带来的耳鸣和不适感，就与气密性直接相关。

高速会车和出入隧道时，高铁列车面临的气密性问题很严重。为追求舒适，中国高铁目前的气密性指标设定为车内压力波动小于 200 帕 / 秒。这个数值小于飞机舱内的指标，所以坐高铁耳鸣的人少。

车体是列车的骨骼，是列车的主体，所有的部件都固定或悬挂在车体上。通常情况下，车体承载旅客，出现安全事故时，它的强度则可以保护旅客。

一节车体上有 70 多种不同断面的铝合金型材，最薄的地方为 1.5 毫米，最厚的地方为 4 毫米。这种薄厚的变化而等强度的设计，不仅实现了减重，而且将车体气密强度提高到时速 380 公里时的 6000 帕。

下料、组合、成型。在 3D 打印时代到来之前，人类的所有工业品的诞生都或明或暗地遵守这一思维方式和规则，这是现代制造的基本流程。

车体生产的过程是这样的：先将铝合金原材料按尺寸切割，之后加工焊接成不同部件，这些部件被组合，最终组焊成一个车体。

中车青岛四方车体分厂的动车组流水线厂房，银色的车体一个一个地有序“出生”。在这里，每 4 小时完成 1 辆车体的生产。目前，中车青岛四方有 3 条这样的生产线。

在进门处你看不到生产线的布局，它们太为庞大了。而如果从高处俯瞰，会看到它是 U 型布局，自动化焊接机器人是生产线上的主力设备。车体中地板的组焊，由焊接机器人完成，机器人们平均每分钟可以焊接 700 米的总长度。在这里，车体加工的长焊缝全部由机器人完成，小的部位由人手工焊接。焊接质量标准执行欧洲最严格的 EN15085 CL1 级焊标准，焊接机器人的焊接质量由激光检测器同步跟踪。

铝合金焊接不仅比其他焊接难度高，对焊接环境有恒温恒湿的高要求，同时也是对操作者身体有伤害的工种。因此，这里的厂房，顶部都配有数量惊人的空气净化设施。每一个厂房之间有一个 1 米宽的

高速动车组车体制造车间

通道，在这里，密集出现大量空气净化系统的送风口。这些形状不同、数量巨大、功用不同的出入风口，改善着制造现场的空气状况，对人、对产品皆为有益。在老的火车制造现场，这种设施不多，甚至是不存在的。

车体按结构形式分中间车和带驾驶室的头车两种。

中间车为基础车型，被分为底架、侧墙、车顶、外端墙、内端墙等几大部件，分别同步焊接而成，最后组合焊成车体。

底架就是列车地板处的钢结构。底架先进行正面焊接，之后是打磨，然后是底架反面焊接打磨。

动车组流水线上的自动化焊接机器人

端墙是车体的两端，块头最小，但是焊接量不小。车顶要先正面焊接，再反面焊接，主要由焊接机器人来完成。侧墙是安装窗户的部位，面积不小，预留安装窗户的地方是细致活儿。

最难的车体制造应该是头车的车体，就是有驾驶室的车体。它主要是手工组焊，工艺更为复杂，尺寸要求更为苛刻……

在车体车间，双工位数控加工中心长 60 米，很容易吸引到你的注意力。这个用于车体侧墙和地板整体加工的装备，加工定位精度达到微米级，以保证车体的整体加工精度。

车体总组成焊接机器人，用于车体总组成时对长直焊缝的焊接，同时兼具打磨、铣削、压紧等辅助功能。类似的许多非标设备都是中

正在监测车体焊接质量的工人们

车青岛四方自己研制开发的。

对于现代制造企业的实力考核，面积、产量、技术等级是考核之一，另有一个独特的测评指数：自制大型工装设备有多少？技术和工艺水准是什么？

私家秘制工装，已是企业之间比拼的秘密武器。制造现场拒绝拍摄，工装的技术保密被高铁列车制造企业看得很重。

车体在焊接完成后，甚至是在焊接的过程中，都在被不断地调直打平，可以看作是通过打磨，对这个钢铁大家伙的精细修整。打磨几乎和焊接一样重要，目的在消除应力，保证车身的平整度。

车体车间最大的噪音来自打磨工具启动后，砂轮和铝合金对撞时产生的声音，而且此时有火花，这个火花常常比焊花喷射得更远。

整个车体分厂在视觉和听觉上，用过去的词语来描述，是“火热”的场面。铝合金的长大部件在空中吊运，长达几十米的装备、焊花、噪音、穿着如太空服一样的防护服的工人们……这是一个阔大着又生硬着的空间，看上去并不整齐划一，却隐含着如齿轮咬合一样精确的次序与流程。

人在其中，因无法听清别人的话语自然减少交谈，所以在绝大多数时候，是一个人在独自感受。大工业的强硬、操作者的辛劳、中国制造的优势和气场……林林总总，深重地包裹你。

当车体制作完成后，涂装工艺开始。车体前后要多次上腻子，底漆和面漆的喷涂也是多次，最后全身白色的车体出现。那个银色的车体看不到了，变成了我们在站台上看到的那些白色的列车车身。

这时候，车体还是没有轮子，它被用气垫船送进总组装车间。

（三）车轮的力量

转向架是列车的“脚”，对于以运送为天职的列车来说，它的重要性不言而喻。这是一个外形很像小车的部件，主体是 4 个车轮、2 根轴、1 个钢铁框架，这个框架行业名称是“摇枕”或“侧架”，总体称为“构架”。

转向架分厂的工业气势一点不比车体分厂弱，虽然转向架的体形

高速动车组转向架组装流水线

要比车体小了太多，但它的确是太关键了。

高铁列车车轴是空心的，在高速之下，这个快速旋转并承载列车的部件竟然是空心的，的确是令人惊讶。

车轴生产采用中央控制模式，自动上料、加工、检测、下线，中心孔偏移量误差小于等于 0.1 毫米。加工线整线封闭，加工的过程中看不到钢屑飞溅的现象。中车青岛四方的空心车轴自动化生产线，仅有两名操作工人。

车轴加工完成后，与车轮组装成轮对。

转向架的构架，好比是整个转向架的“骨架”，它的重要性如同人体的躯干，制动系统和牵引系统均安装在构架上。

从高处向下拍摄转向架构架自动焊接生产线，会为其密集而有序惊叹，而它的规则与细致，又让你怀疑是否身处在一个焊接生产厂房中。

全长120米的生产线，5台焊接机器人、2条自动运输线，重量不轻的构架在流水线上如同一个玩具一样被传送、焊接、翻转、输出。

每天，这里出品5—6辆车的构架，其中75%以上的焊缝都是由焊接机器人自动焊接完成，焊缝的一次合格率可以达到98%以上。

构架焊接完成后有复杂的涂装过程，即上油漆。

沿着设定的轨道，一个个构架像一件件工艺品陈列在吊架上，从入口进去，穿过U形通道，在完成一个个自动进行的复杂工序后，出来时已做好了防锈和表面涂装，构架很光鲜漂亮了。

之后开始转向架的组装，即制动装置、电机和各种管线的安装。高铁列车的电机等重要部件也会安装在转向架上。组装中，在专用工艺装备的帮助下，构架分正反两面安装。这边安装完毕，被快速准确地翻转180度。因为使用全套的定制工具，部件的安装有序、精准。最后，被安装了多种部件的构架，被吊起落在轮对上，转向架装配完成。组装完成的转向架，要进入综合试验平台，在那里接受各项检测，数据合格后等待装车。

（四）一气呵成的总组装

总装分厂比前面的两个分厂的厂房面积更大，空间巨大却十分安静，高端大装备工业的气息在这里强烈呈现。

这里的厂房连着厂房，一列列白色的动车组车体整齐排列，黄色的安装台位包围着它们。在这里，车体、转向架及高铁列车车上车下大部件、车内设施等，即将进行每列车 4 万余个零部件的集成及调试。这里是高铁列车制造的核心之地。

相对于转向架和车体的自动加工、自动焊接，总装的大部分工作需要人工或半人工方式完成。工人的操作技能对于保证总装质量至关重要。在中车四方总组装分厂工作的员工，1 年中要接受多次培训。他们的面孔都很年轻，30 岁左右的占绝大多数。他们多是在 2004 年后来到这里，10 多年里与高铁一起成长。

组装现场有成排的黄色工作台位，它们是总组装分厂里色彩最为醒目、数量最多的设施。每个台位的端部都有一个显示生产状态的 LED 显示屏，显示绿色表示生产正常，显示红色表示异常。

动车组电线下料区是很容易让人印象深刻的地方，因为这里是“抽象画”工作区。动车组每列车有 1 万多根电线电缆，必须准确无误地进行连接。电线下料区，以白色背板模拟现实车辆按 1:1 下线，然后对电线电缆成束捆扎。日常生活里一条耳机线也能乱成一团的情形都常常出现，而 1 万多根电线电缆在这里却整齐有序，配线的错误率仅为 0.250/10000。

在总组装分厂，白色的车体被架在台位上，自然地分为车上、车下和车顶 3 个工作区，一节车上有多个部门的人员在同时工作。车上安装的是防寒材料、地板、风道、车窗、座椅、装饰件等，车下大部件主要是变压器、变流器等，车顶主要安装受电弓和主电力线，高铁列车在这里被彻底“武装”起来。

之后，工人们推出已做好的转向架，将车体吊装上去，称为落车。落车的过程总带着一份惊艳，这时候场面很大，因为车体本身不小。此时工人们总有一种愉悦，因为列车建造即将完工。

落车完成的车辆，将进行单车的称重、淋雨、保压、耐压和气密等一系列试验。

气密试验很严格，这也就是为什么乘坐四方的车，在车辆会车和过隧道的时候，耳朵不会感觉到不舒服。任何车辆的制动都是至关重要的，对于跑得很快的高铁列车，制动就更为重要。管路的密封性决定着空气制动的有效性，国家标准和欧洲标准都允许管路有一定的泄漏量，空气制动气密试验的企业内控标准为管路保压 15 分钟零泄漏，保证空气制动的有效性。

试验合格后，车辆进入调试阶段。高铁列车的调试称得上是一项工程，不仅一节一节车厢相连，而且网线极多。这项工程内容繁多，常常延续半月至 1 月之久。首先是单节调试，然后是编组调试，编组调试又分静止调试和动态调试。整个过程极为安静，调试人员多是依靠笔记本电脑来工作。最后，高铁列车在环形试验线上进行动态试验，相当于试跑。

调试完毕，高铁列车已完全具备上线条件，全新的高速动车组列车等待调度命令，从调试专用线进入正式运营线路，高铁开启了自己的人生旅程。

2020 年 2 月 20 日，经历疫情考验后，高铁列车制造企业全面复工复产，时速 350 公里的 16 辆长编 “复兴号” 动车组 CR400AF-A 和超长版的 17 辆编组 “复兴号” 动车组 CR400AF-B，在中车青岛四方高速动车组生产线上投入了生产制造。3 月 11 日，疫情中的第一列 “复兴号” 高速动车组列车迎来下线。

链接　高速动车组的关键技术

高速动车组的关键技术主要包括 9 个方面，也称“九大关键技术”：动车组总成（即系统集成）、车体、转向架、牵引变压器、主变流器、牵引电机、牵引传动控制系统、列车控制网络系统、制动系统。

三、中国高铁制造之地

（一）高铁列车制造的 3 个核心标配

能说出汽车的型号，多半也能猜出汽车的制造厂家，中国高速动车组也有自己的出生密码。

中国高速动车组的制造有个很有趣的规律：型号对应了 4 家主要制造企业。CRH1 由青岛四方庞巴迪制造，数量较少；CRH2 系列车型多，数量很大，由中车青岛四方制造；CRH3 只有一种车型，由中车唐车公司制造；CRH5 系列是高寒动车组，由中车长客公司制造；CRH380 系列和复兴号 CR 系列，则由几家企业同时制造。

可以说，从地理位置而言，青岛、唐山和长春是中国高速列车的出生之地。

这 3 个地方的工厂都与中国机车发展史颇有渊源：唐山的工厂是中国第一台蒸汽机车的制造者，青岛的工厂曾是新中国第一台蒸汽机车的制造者，而长春的工厂，是 20 世纪国家投资最大的铁路客车生产厂。

（二）海滩上的工厂：中车四方股份

在周一到周五的清晨，中车四方机车车辆股份公司的员工坐上班车，出了城市在高速上行进半个小时，就到达位于青岛郊区的棘洪滩新厂区。棘洪滩原是青岛远郊一片盐碱地，既然不能种植庄稼，人们就想，那就让这里出产工业品吧，于是借势将这里开发为工业园区。

诞生于1900年的原四方机车车辆厂，由德国人建设。100多年前，德国人为这个工厂列出了320万马克的预算，规划面积定为12.5公顷。到了1949年6月2日青岛解放时，工厂的面积实际上已达到了58.3公顷，成为胶东半岛上重要的制造企业之一。3年后的1952年，中国人制造的第一台蒸汽机车，即著名的“八一”号从这里出厂。这是一份四方厂可以长久诉说的荣耀。

作为装备制造业重点扶持企业之一，四方股份从川崎公司引进动车组生产技术。2006年9月28日，首列CRH2“和谐号”动车组在新厂房里下线，之后国内首列时速300—350公里高速动车组、首列长编组卧车动车组、CRH380A和复兴号CR400AF，均在这里出品，创造了多个世界高铁第一。

（三）东北工业气场浓缩：长客

三代出一个贵族，50年成就了一个企业，中车长春轨道客车股份有限公司的前身是始建于1954年的长春客车厂。

20世纪后半叶，“长客”两字在机车车辆制造业这个圈子，分量足够。作为国家“一五”期间的156个重点建设项目之一，长客的到来有“含玉而生”的意思。

长客一直是骄傲的，这骄傲有背景和底色。

长客股份公司是中国最大的铁路客车和城市轨道车辆的研发、制造和出品基地，截至2011年，累计生产铁路客车27000多辆，约占中国铁路客车保有量的一半，而生产的城市轨道车辆即地铁类产品占国内保有量同样不低。

动车组列车中的CRH5型由长客股份制造，这种主要运行于东北地区的动车组车型，设计时速200—250公里，属于寒带“动物”，针对寒冷地区的运营环境而设计。

长客股份原本就拥有碳钢车、不锈钢车和铝合金车3条生产线，这3条生产线所储备的世界上最先进的技术装备和技术人才，使长客股份在生产CRH5时有了底气。

在动车组制造现场，车体制造部分看得到电焊的弧光。因为车体是铝合金材质，焊接工艺独特，对焊接的要求很高，操作工人穿着白色的防护衣，戴着数万元的防护帽，像一群天外来客在忙碌着。

到了总装阶段，现场彻底地安静平和起来，几乎听不到什么声音，工人分成小组在工作，没有大型的工具，在一些调试岗位，笔记本电脑是常用工具。整个空间的氛围是精巧的，一个个巨大的“白鲸”——动车组列车，静静地卧在洁净的绿色地面上，任人进进出出、上上下下。

（四）发源地和新生地：唐山

唐山机车车辆厂建厂的时间，最早可以追溯到1881年。这是中国第一个机车车辆工厂，这样的地位能让任何一个企业充满骄傲。

中国制造的第一台蒸汽机车——“中国火箭号”的出生地是唐山厂。100 多年前那些记录唐胥铁路的黑白老照片里，有许多唐山厂的场景。

中国火车历史中最早的机车和客车都是在这里出生，中国第一个铁路院校同期也在离工厂不远的地方创办。从这个角度去看，唐山是中国铁路的发源地，而唐山厂是其中的核心地带。

建国时，唐山厂定名为“唐山机车车辆厂”，这个名称明确了工厂的两个产品方向：机车和客车。

当年，能有这样的名称，代表着工厂的技术实力和档次。在不短的时间里，唐山厂一直处于机车车辆制造行业一线工厂的地位。

唐山大地震中，老厂几近全毁，后在唐山市外几十公里的丰润新建。唐山大地震没有震倒唐山厂，但是当蒸汽机车的威武在现实里渐行渐远时，唐山厂慢慢转型专攻客车。

有人形容动车组列车是唐山厂改制为“中车唐山轨道客车有限责任公司”的“龙门”，作为国家首批 91 家创新型企业之一，因为开始了动车组列车制造生产而焕发新生。

2008 年 6 月，唐车公司制造的 CRH3 型动车组，在京津城际铁路上最高试验时速达到了 394.3 公里，最高运营时速达到了 350 公里。从北京到唐山两个多小时就到了。唐车公司是唐山地震后唐山新城工业区的几个主要企业之一。进入厂区，眼前全是年轻的面孔，特别是在最后的调试线上。过了 40 岁的工人，多是做运输或是清洁的工作，主要工作岗位上都是年轻人忙碌的身影。

在唐车公司有些部门的员工，常常是一所学校的数个班整体招收进来，全新培养进入动车组列车的不同生产环节。生产线上几十人的接线班，平均年龄 25 岁，绝大多数人是大学生。

厂区里新厂房全是塑钢板材建设起来的，但更多的是那些 20 世纪七八十年代砖混结构的老式厂房，前者高大简洁，后者结实厚重。厂区通道边那些粗大的树木暗自表明了这个企业的真实年龄。旧的和新的在这里混杂，行走在这块巨大的工地上，你会觉得一切是今日中国的发展缩影。

（五）隐秘的工厂：青岛四方庞巴迪

中国动车组列车的系列产品里，第一种车型是 CRH1，制造者是青岛四方庞巴迪铁路运输设备有限公司，简称“庞巴迪”。以字母“BSP”为代号的“庞巴迪”，尽管行事低调，却拥有故事。

1998 年在青岛成立的这家中外合资企业，由青岛四方机车车辆厂与加拿大的庞巴迪和鲍尔公司合资建立。

青岛四方庞巴迪公司有职工 2000 多人，这些员工多是原四方机车车辆厂的职工。有的员工的家庭，夫妻一方在青岛四方上班，一方在庞巴迪上班。

从 25T 型车开始，合作公司间的技术屏蔽已严重地出现了。对于像庞巴迪这样的由外方采用庞巴迪 SMB 制造管理系统全面管理的合资企业，技术保密的规定和要求更为严格。在四方机车车辆股份公司进行采访时，我得知一位技术主管的爱人在庞巴迪同样做技术主管，便询问他们在家是否讲技术上的事。对方答：“一个人有时无意识地说一句，另一个人会不接话，这个人立刻就意识到了，话题马上停止。”

很少有媒体能够靠近庞巴迪公司，多年来这里是“隐秘之地”。

2010 年，当有机会走进庞巴迪后，这个中国机车车辆装备制造业里唯一由外方管理的企业，外表是一副中国式的样子，如果不是午餐时饭厅里专门设了西餐区，数量不少的外国人坐在那里和中国工人一起进餐，你几乎不能发现这个企业和旁边的那些中国企业有什么不同，甚至要比它的邻居们显得更旧更小。

庞巴迪内部生产现场布局局促，像是小户型的房子，因为空间太小以至自搭了“复式”的一层用于车体布线流线。很多设施一看便知是多年之物，显得老旧，甚至显露出一些手工作坊的味道。但是，从技术的角度去观察，我们就会发现加拿大人的因地制宜，因势利导。没有太多玄妙的设计，整个生产线的流程充分利用最简单的台位和吊具，比如布线中车体的两侧翻转。下部大部件组装时先安装好模块，然后用移动小车一次安装上车。

所有的制作流程表面上都是大同小异，但是流程的合理性设计是其中的灵魂。在庞巴迪，你看不到流程的气势和精致，但是即使是一个外行也看得出流程的合理和由此带来的便捷、流畅，这是多年后依然不能忘却的对庞巴迪的记忆。

四、工程师们最重要的工作：设定高铁的DNA

（一）从“生存环境”出发设定新车型DNA

在开始设计高铁列车前，工程师们要做的最为重要的工作是什么？设定高铁列车的DNA。

提前设定高铁列车的DNA，是为了满足不同列车运行的需要。在轨道交通车辆研发之前，工程师们会首先进行大量的调研，包括潜在需求量、用户对性能的需求、区域经济、气候地理等内容。

与汽车业稍有不同，高铁列车所在的轨道交通领域决定了研发一款新型车辆时，除了通用车型，许多车型会基本确定将在哪些城市、什么线路运营。适应性是设计的重要起点之一。也就是说，当一款新车型到来，要站在地理、线路等大环境的角度去思考并设定好新车型的DNA，让新车型从一出生就对环境有较高的适应性。

中车青岛四方副总工程师、国家高速动车组总成工程技术研究中心主任兼高速列车系统集成国家工程实验室主任丁叁叁认为，列车适应性面对的并不只是气候条件和地理环境所带来的高温高寒、大风风沙、紫外线等，还包括线路条件、运营模式等产生的曲线坡道、隧道

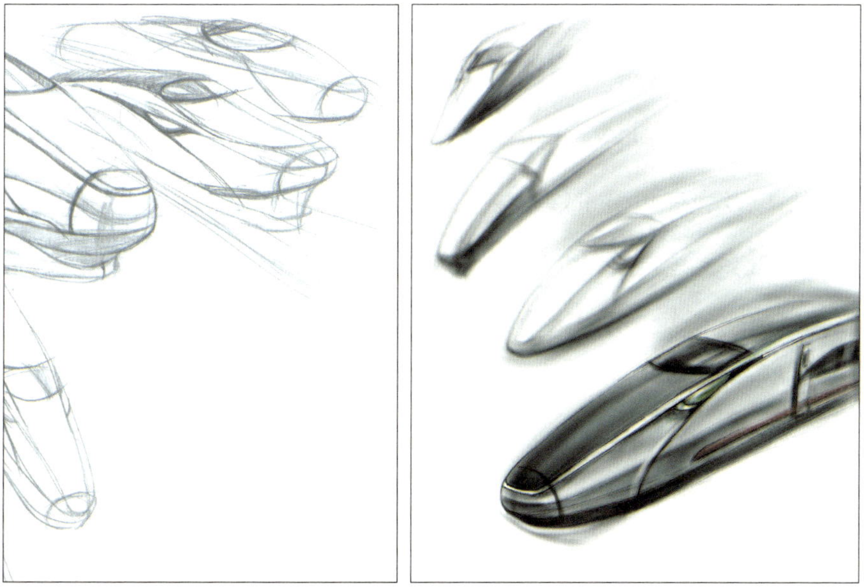

高速动车组设计图

效应、制式兼容、跨线运行等问题。

CRH2G 型高寒动车组在设计开始前考虑到列车将在兰新高铁运营的大环境，设计师们就从高寒、高海拔、防紫外线老化等方面对车型进行了前期性能设定。之后下线的 CRH2G 在性能描写中有：能在零下 40℃到 40℃的高寒高温环境、3600 米的高海拔地区运营，解决了防紫外线老化的技术难题……这简单的几句话背后，包含着要解决大量细碎复杂的技术问题。

如果前面的思考是来自地理和线路的角度，下一个思考则来自经济角度：新车型的运量规划。

经济发达地区和经济落后地区的交通需求不同，带来以人次为计量单位的运量差异大，设计师们必须在前期进行运量调查，分析数据后做出前瞻性的判断，简单地说，就是决定一列车几节车厢，每节车厢定员以及允许超员量是多少。如果规划不合理，车辆上线运能高饱和，使旅客舒适度降低，则运营方压力加大；相反，车辆上线冗余度高，则浪费能源，造成运营成本增加……

10 多年前，CRH380A 高速动车组推出长编组 CRH380AL 时，业内许多人并不理解为什么加长列车。今天，高铁线路上大量的 16 节编组高速动车组在穿梭运行。新车型的运量规划，前期设计时，预测的准确性特别重要。

（二）隐形列车“行驶”在设计师的大脑中

安全、效率、舒适性、节能环保、智能化，是今天的设计师们在开始设计新车型前的常规思考内容。

安全是永恒主题，注定位于首要位置，包括车体结构强度、被动安全、智能预警、烟火保护等多个方面。目前中国高铁技术处于较高的发展水平，安全问题已经积累了丰富经验，拥有了常规方案，设计师们主要的关注点转为：去发现提高车体结构强度的新材料、研发由防撞装置来实现的被动安全、创新网络化的智能预警。

如何提高车辆运营效率对运营极为重要，对此，设计师们有了新的思考方向：网络化，特别是未来物联网支持下的智能运行、客流潮汐的大数据计算，以及与之相伴的车辆的高灵活性编组结构设计。

在高铁迅速发展后，列车的舒适性受到设计师们强烈关注：如何让列车的平稳性比车厢里硬币不倒的状态更高？如何让封闭车厢的空气质量更好？如何让列车在不同线路区间特别是出入隧道、交会时车厢内压力波动最小化？如何在转向架、车门、列车连接端等方面实现技术突破让车厢内噪声更低？如何设置和控制车厢温度和灯光让旅客在公共空间享受到温馨和私密？

列车共同节能环保技术已经发展为体系工程，列车的轻量设计、气动设计和系统效率共同组成这一越来越被设计师们看重的体系，能量回馈管理在高速动车组到来后格外得到重视。

近年来，列车的智能化特别吸引大众的目光，列车实现什么等级的自动驾驶、列车采用什么样的健康管理来实现智能运维，是目前设

高速动车组虚拟仿真试验

计师们的重点思考内容。

对于设计师们，所有关于这些内容的思考，相互独立又交错在一起，一个项点产生一个 DNA 代码，不同代码配对，最终勾画出一个复杂、系统、严谨的列车设计图。

设计师们在市场调研时就开始工作，与技术设计师无缝沟通合作，在真正开始设计列车之前，根据设定的 DNA 形成车辆 3D 模型，最终形成视频，车辆外形、性能特点在视频中得以呈现。概念车型的视频帮助技术设计师拓展技术思路，也帮助新车型提前确立市场地位。

工业设计师此时更重要的工作，是对车辆的功能、结构、形态等进行初步的整合优化。也就是说，前期思考中技术人员按专业提供各自领域的意见，工业设计师需要侧重于车辆外形和主要部件形制进行整体思考。

（三）新技术新材料“武装”新车型

我们身处的这个世界更新换代的频率加快，以新材料和新技术的更迭为主要内容。中国高铁多年来引领世界，中国高铁的制造者们长期关注全球范围内可能应用于轨道交通车辆的新技术新材料，创新性运用于设计中，已经成为高铁列车制造的“规定动作”。

列车的轻量化技术一直是设计师们面临的挑战。列车的“轻”与列车的速度和节能紧密相连，是设计的关键技术点之一。

多年以来，设计师在保证车体强度的前提下，想尽办法让列车越来越轻。如何减重？车体车辆材料的选择将发挥核心作用。近年来，碳纤维材料极轻的重量和极高的强度进入设计师们的视线，并已经被应用于地铁车辆上。将碳纤维材料应用于车体、司机室、转向架、设备舱等列车主结构件，减重可达 30% 以上。空调是轨道交通车辆上的大块头，有的车辆上甚至出现了碳纤维空调。

设计师们的目光不仅仅盯上了空调，对所有重量大的部件减重是他们的目标。其中，让制动盘轻起来是其中的一个小目标。他们锁定世界材料发展新成果，创新地将铝合金材料和碳陶材料结合起来应用于制动盘制造。中车青岛四方的下一代地铁在选用这种新材料后，制动盘减重 30%，耐磨耐高温性能更高。

智能化是设计师们苦苦追求的另一个方向。多网络与以太网融合互通，已经越来越显示出效果。设计还没有开始，设计师们想的是：怎样才能将网络的力量发挥到极致？怎样以多网融合来提高列车的智能化？

今天，在车辆的全生命周期，车辆健康检测管理系统是设计师为列车量身定做的“终身私人医生”。从列车“出生”到运营、维护，车辆健康检测管理系统依托网络时时刻刻陪伴在列车身边，列车的日常生活、小痛小痒、运动健身、体检保养全部在观测和控制之中。中国列车的智能运营维护已经开始运用，如何不断完善提高新车型成为设计师们的重点思考内容。

所有的这些思考完成，新高铁列车即有了全新的 DNA，设计开始全面启动。

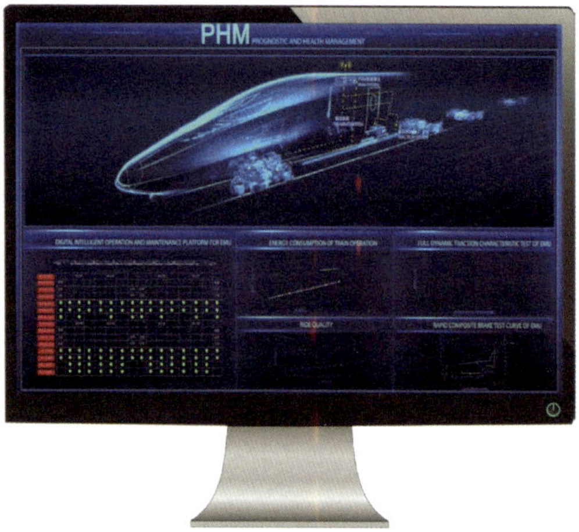

电脑车辆健康检测管理系统

链接　中国高铁加速智能化

智能化，意味着更加高速化。随着高铁技术的进步，很多原本的极限技术值都逐渐找到了突破方法，比如磁浮加中空技术可以减少空间摩擦阻力，让列车时速突破 500 公里的限制。2021 年年初，由西南交通大学自主研发的高温超导磁浮原理样车下线，并在试验线上悬浮成功，它的速度目标值能达到每小时 620 公里。中国已开始开展时速 600 公里级高速磁悬浮、时速 400 公里级高速轮轨客运列车的研制和试验。

五、高速动车组之“中国脸谱”设计

（一）高速运行时 80% 的阻力来自空气

“头型”这个词汇，在动车组列车设计和制造人员的话语里频繁地出现，明确地传达着这个部分的重要性。

“头型”即高铁动车组两端的车头造型。为什么它这么重要？回想一下大风中行走的体验，会明白头型不是为了好看，而是为了列车运行得更好，这个“好”包括了速度和舒适度。

高速运行的物体在运动中最大的“敌人”不是它自己的重量而是空气。空气对高铁列车的杀伤力，除空气阻力外，还表现为气动噪声、隧道微气压波、列车表面压力波。空气阻力是空气对高铁列车发力的主要方式。

高速列车的运行阻力包括了两个部分：摩擦阻力和空气阻力。摩擦阻力与列车速度成正比，而空气阻力和列车运行速度成平方关系。当列车的速度提高 3 倍大时，空气阻力会是原来的 9 倍。再具体一点说，当高铁列车速度超过 300 公里 / 小时，80%的阻力来自气流阻力。事实上，在高速状态下，高速动车组的动力输出几乎都消耗在和空气的对抗上了。

（二）CRH380A 的 20 多个备选头型

让列车尽可能为流线型，车辆横断面越小越好，周身减少凹凸，全列追求又细又长。这看起来是唯一的解决方案。

看看日本的新干线高铁头型的成长速度：第一代 0 系列车头部长度是 4.4 米，第二代 100 系为 5.5 米，第三代 300 系是 6.0 米，到了 700 系，这个数字达到了 9.2 米。

在中车四方设计中心的美工室，数十个 CRH380A 的头型模型一字排开，最终只能一个入选，就是我们今天在高铁站常看到那列。在高速动车组列车的设计中，设计出技术性能优越又有美感的头型，被认为是第一环节。

设计要素和不同线路条件是设计基础，工业美工这时要有立意，比如今天的CRH380A 取意于中国火箭,也有取意于江河、骏马的方案，初期的好点子绝不是一个。立意确定后，美工们画出草图，设计人员根据技术要求设计出几十种头型作为初步备选。

在 CRH380A 头型的设计中，通过 32 个设计变量和 200 次模型优化，设计出了 20 种头型。设计人员对这 20 种头型综合分析，从技术优越性、制造实现难度和文化内涵等角度选出 10 种头型方案。对这 10 种头型，设计人员通过计算机仿真设计和进一步技术化，确定了 5 种头型，对这 5 种头型再次进行多达 17 项 75 次的仿真实验。

（三）泥塑头车　风洞试验　噪声试验

随后，工业美工再次出手，用黄泥按 1:8 比例塑出车型，送四川

CRH380A 头型

绵阳做风洞试验。在进行 19 个角度、8 种风速的风洞空气动力学实验时，同步进行噪声试验。对测试出的各种参数，设计人员根据实验数据进行再调整，再次进行计算机仿真试验，如此反复，优选一种头型做出样车，一个新头型基本出现。

银白配色的 CRH380A 头型，要比其他高速动车组的头型长出两三米，长的身形有白鲨的气质，柔顺却充满力量。

CRH380B 却有猎豹的味道，这个并不强调身形长度的“动物”，线形简洁内敛，不张扬的姿态在奔跑之中却显示出最善跑的矫健和凶猛。

头型的设计并不是只集中于车前部，两侧的导流板、车下部的裙板、车辆连接处的风挡设计，也是重要的组成部分。

CRH380B 两侧有贯穿全车的凹槽，这个看似简单的设计，有力降低了列车的气动升力，也就阻挡车向上飘升，使全车流线化，尾车更为稳定。

看上去很好看是次要的，减少阻力才是实质。CRH380A 车头很长很漂亮，技术人员的评价却是：这一头型较旧款车，气动阻力降低5%，气动噪声降低 7%，列车尾车升力降低 52%，侧向力降低 6%。

在头型这里降低阻力才是硬道理。

（四）“中国脸谱”多起来

准备上高铁开始旅行时，如果时间富裕，去高速动车组的车头位置拍张和列车的合影，是快乐的旅行插曲。高速动车组的头车是全车最有画面感的地方，是外形设计技术含量最高的地方。

中国高速动车组早期的头型，多有国外引进车型的影子。CRH380A 的头型完全中国化设计，中国高铁自此有了纯正的“中国脸”。

复兴号系列中的 CR400AF，以“龙”取意，头车前挡玻璃上有红色的线条，是龙的胡须；全列有红色的腰带，于是得了一个爱称“红飞龙”。CR400BF 头型取意“凤凰”，有着金色的腰线，昵名“金凤凰”。

CRH380A 的头型取意“剑”，到“红飞龙”和“金凤凰”后，高速动车组的头型的中国风愈发明显。新型城际和市域高速动车组的持续推出，高速动车组的新面孔越来越多，越来越丰富。

一个一个的高速动车组头型，是一个一个的高速动车组的“中国脸谱”。“中国脸谱”不断到来，中国高铁的形象越来越明确，被更多地识别与记忆。

复兴号——“红飞龙”

复兴号——“金凤凰”

六、为什么中国高速列车特别平稳：藏在“脚下”的密码

（一）8 分钟硬币不倒

从 2008 年中国高铁到来，10 多年来每每有新线开通，旅客们都喜欢在高铁上玩平稳性游戏：装满水的水杯不洒，倒立的矿泉水瓶不倒，孩子们在玩积木……

一位在中国旅行的外国人在京沪高铁上拍摄的小视频，在网络上大量传播，引来世界各地人们围观惊叹：时速 300 公里飞驰的高铁列车上，一枚硬币竖立窗边不倒，列车减速进常州北站直至停稳时依然不倒，当列车变换轨道时硬币才倒下，这时已经是 8 分钟后。

2018 年，中央电视台《挑战不可能》节目中，挑战者在时速 350 公里高速飞驰的“复兴号”上，利用车票完成“双层棕榈叶平衡术”极限挑战。双层棕榈叶平衡术，对稳定性要求高，在静止不动的地面都很难完成。这项极限挑战说明的是，在高速运行的高铁列车上，平稳接近于静止的地面。

用高铁技术指标来表述则是：按照国际标准规定，乘客所处的车

厢，其振动加速度需小于 2.5 米 / 二次方秒。“复兴号”动车组车厢地板的垂向振动加速度最大 1.8 米 / 二次方秒，横向振动加速度最大仅为 0.51 米 / 二次方秒，指标远优于国际标准。

根据乘客乘坐舒适性体验，中国铁路制定了更高的平稳性指标评价标准：小于 2.5 米 / 二次方秒为优级；更严格的要求是所有高速动车组都要求达到优级。在线路试验中，“复兴号”动车组的成绩单是：车厢的平稳性指标最大仅为 1.92 米 / 二次方秒，远低于 2.5 米 / 二次方秒。

（二）一条高铁线路是一座长大的桥

高铁列车的平稳与高速线路的平顺和平直数据直接相关。

“平顺”是个大概念，通俗形象地说，就是线路不要爬大坡，轨面要平。为了这个目标，中国高铁在线路建设中常常“以桥代路”。

“以桥代路”让高铁线路得以严格控制了沉降。沉降是轨道因路基层的膨胀或收缩而上升或者下沉。普通的路基是用黏土、碎石土等按工艺铺垫，由压路机等装备辗轧成型，在地质情况不好的区段很容易发生一定程度的沉降。桥梁由桩基支撑起来的，桩基要打到地下岩石层，有的桩基深度达百米。线路所在区域的地质即使十分糟糕，也能较小影响桩基，较小能影响到轨道。

京沪高铁就有 288 座桥梁，桥梁总长度占线路总长度的 81.5%。列车在全长 1318 公里的京沪高铁运行，其中有 1074 公里是在桥上。一条高铁线路，接近于一座长达 1000 多公里的桥。

中国高铁严格设定了线路坡度。比如京沪高铁最大坡度低于

12‰，困难处最大坡度也不能高于 20‰。中国高铁线路多采用无砟轨道以及无缝钢轨。仍以京沪高铁为例，1318 公里的京沪高铁只有两根钢轨，全线无缝钢轨，钢轨长 1318 公里。

要想达到高铁线路的平直就要尽量采用直线或者大半径的圆曲线，尽量不要弯道。中国时速 350 公里的高铁要求线路的曲线半径一般不小于 7000 米，而京沪高铁的最小曲线半径是 9000 米，在非常困难的地方最小曲线半径也不低于 7000 米。而日本、欧洲的很多高铁线路最小曲线半径只有 4000 米左右。大曲线半径对高铁提高速度有利，也为舒适性打下了基础。

从设计、建设到维护，高速铁路线路的平直、平顺需要靠许多方面的技术来实现，包括路基、桥梁、隧道、钢轨、线路等的规划设计、工艺选择、建设过程、维护保养等。

连接钢轨与轨枕或轨道板之间的扣件，既能够扣压钢轨，又有提供轨道弹性和绝缘等多项功能。中国铁路对扣件标准要求是零点几毫米级。对钢轨的平顺性检测由北斗卫星定位，检测以毫米为计量单位。

中国高铁线路的这些技术指标在世界都属于顶尖的水平。有了这些，高铁列车的平稳水到渠成。

（三）强大的高铁之“足”

一列高速动车组重达 400 多吨，长达 100 多米。两根钢轨相距 1435 毫米，钢轨的轨面只有手掌那么宽。

怎样让高速动车组这个庞然大物以 350 公里的时速，相当于每秒钟 100 米的速度十分平稳地飞驰在两条巴掌宽的钢轨上？

保证高铁平稳的另一位“主要功臣”出现——转向架。

转向架是跟轨道直接接触的部件，它是高速动车组的走行部，看上去像一个装了四个轮子的小车，这个小车是动车组的腿脚。高速动车组要跑得快而平稳，与转向架的技术和质量直接相关。

基于此，转向架是高速动车组九大关键技术之一。

转向架除了有承载车体、导向、牵引、制动等作用外，还有一项非常重要的功能——减振。减振是从列车自身角度保证动车组得以平稳运行。

列车运行时，车轮和钢轨之间产生剧烈的振动，速度越高，振动越大。我们站在离轨道数米的地方，依然能够感受到那巨大的振动。但是坐在车厢里，我们却几乎感觉不到。

构架、轮对、悬挂装置、牵引装置和制动装置等部件组成转向架。悬挂系统来隔离和缓和线路不平顺及车轮对运动产生的振动。

中车青岛四方是中国主要的高速动车组研发者，在研制“复兴号”时，设计团队对悬挂系统涉及的20多项参数进行了复杂的组合匹配，通过建立计算机仿真动力学模型，模拟动车组在0—385公里/小时及更高的不同速度级运行，在几十种参数组合方案中进行优选，并对优选方案进行滚振试验对比，确定了最终的悬挂参数。

中国拥有世界上唯一的高速整车滚振试验台。高速整车滚振试验台就在中车青岛四方的国家高速动车组研发中心，试制的“复兴号”动车组转向架在这一试验台上要先进行高速滚振试验，再通过严格的线路试验来验证。

从研发到制造完成，“复兴号”动车组转向架共经过28项仿真试验、16 项试制试验和 56 项研究性试验。这样打造出来的高速动车组之“足”，在减振方面性能优越，在 350 公里时速运行的列车车厢里，硬币不倒，孩子们可以安心快乐地搭积木。

七、高铁发展隐形潜力：30 多岁的设计师 全速度谱系化平台

（一）资深高铁设计师们平均年龄 30 多岁

青岛是中国一半以上高铁列车的家。

到 2021 年底，在中国拥有的 3500 多标准列动车组中，有 1670 多标准列动车组由中车青岛四方研发和制造。另一个数据是，世界现有的 23% 的高铁列车的故乡，是青岛。

2010 年 12 月 3 日，一则新闻在世界范围内被刷屏。在京沪高铁试验段上，由四方研制的 CRH380AL 高速动车组创造了时速 486.1 公里的世界铁路运营试验第一速。CRH380AL 的总设计师是梁建英，那年她 37 岁。这位中国高铁的第一位女总设计师带领着比她更为年轻的团队，研发了后来直接投入京沪线使用的这一款中国自主研发的设计时速 380 公里的高铁列车。

交通业内的人士都知道，试验列车和运营列车是完全不同级别的概念。简单地说，试验列车是“假车”，仅仅为试验而造。而运营列车是要量产的列车，是要用真的列车。梁建英团队设计的这一列车，

中国高铁已经建立谱系化技术

是比通常的 8 节列车多出 1 倍车厢的 16 节列车。

几年后，成为总工程师的梁建英，是世界上唯一的高铁女总工程师，也是世界上规模最大的高铁列车制造企业的总工程师。在一次次婉拒采访后，她将团队其他成员推荐给媒体："他们比我年轻，他们比我更有未来。"

与中国高铁相伴前行的研发团队，有着让人吃惊的年轻队伍。在中车四方，主力设计的年龄超过 40 岁的不多。

对中国高铁而言，让世界轨道交通业专家羡慕的，表面上是整体技术水平和路网规模，实质上是一个由线路站场、高速列车、列车控制、牵引供电、运营管理、风险防控、系统集成7个体系组成的完整技术团队，他们数量庞大、经验丰富，平均年龄却只有30多岁。随便进入到中国的一个高铁建设、列车制造、运营管理的现场，操作者们超过30岁的面孔不多。中国高铁一路走来，30多岁的他们，接触的高铁比国外有着30多年经验的同行还要多。

（二）200—400公里全速度、谱系化的动车组技术平台

2016年7月15日，在郑徐高铁民权特大桥上，两列中国标准动车组试验车分别以时速420公里相向而行，两车交会时间不到2秒，之后又重联运行。这两车的“会面和牵手”，引发全球业界再次惊叹与关注。

然而，专业人员并不过多关注这些，具有完全自主知识产权、达到世界先进水平的“复兴号”最大的亮点是“中国标准”——在采用的254项重要标准中，中国标准占到84%，实现了动车组软硬件的自主设计、制造、维护，在高铁“走出去”项目中，不受国外企业的知识产权和技术限制。

标准即规则，适应于游戏也应用于商业，中国主持和参与了46项高铁方面的ISO、UIC国际标准制修订工作，中国高铁标准正逐步成为国际标准。

年轻的设计师们在不断地拼搏中，让中国高铁形成了完整的谱系化平台：200公里动车组技术体系、时速350公里动车组技术体系、

设计时速 380 公里的 CRH380 系列动车组体系、CR400“复兴号”中国标准动车组体系，从时速 200 公里到 400 公里，全速度、谱系化的动车组技术平台在中国已经建立和形成。

链接　高铁试跑有多远？

高速动车组样车要进行长达数年的线路运营试验，在长距离、高速度运营中测试样车“耐力”等各方面性能，发现问题并解决问题，提升高速动车组的技术水平。

复兴号动车组 CR400 样车已完成 60 万公里的运用考核，相当于围绕地球跑了 15 圈，远远高于欧洲各国及日本高速列车运用考核里程 40 万公里。

八、那些独特的中国高铁列车：卧铺高铁、可变高铁

（一）卧铺高铁

傍晚，一趟高铁列车从北京南开往上海。这趟外表和其他高铁一样的列车，里面却完全不同。列车上没有座位，全列都是卧铺，这是卧铺高速动车组，只有中国有。

中国高铁网不断延伸，越来越多的长大线路投入运营，运行距离长达 2000 公里、运行时间在 10 小时以上的列车已经有了多趟。而高铁在国外运行时间较长的也就是 3 个小时，所以形成一个传统——高铁列车都设计为座位。

自从高铁来到地域辽阔的中国，第一代高速动车组的座位就分为 3 种：二等座、一等座和商务座。其中商务座可以调整为平躺状态，但是数量很少，而且价格高。

当中国的高铁列车运行的距离越来越长，长到 10 小时以上时，人们希望有座位之外的乘坐选择，卧铺高铁成为一个方案进入研发，然后出现在人们的高铁旅行中。

卧铺高铁成为远途出行的首选

走进这种卧铺动车组车厢，中间是通道，两侧是上下层的卧铺。铺位不是传统卧铺车厢的横向设计，而是纵向设置，就是你躺在铺位上，身体的方向与钢轨平行、与列车的运行方向一致。每个铺位空间都是独立的，不管是上铺还是下铺都有自己的车窗，每个铺位单独送风，且配合都有茶桌、充电插座、照明灯、阅读灯、车窗拉帘、书报袋、扶手、衣帽钩……这就保证每个旅客都能独享一个小“包间”。

由于卧铺动车组的车体高度增加，在上铺的你也能够方便地坐立。新型卧铺动车组车厢里更安静，减振降噪设计让车厢内部的噪声被控制在62分贝，噪声水平达到优级。

16节编组的列车，880位旅客享受着软卧和高速开始自己的旅行，这是中国高铁独此一份的舒适旅行方式。

（二）可变高铁列车

什么是动车组，从外形上解释仅一句话足矣：固定编组两边有驾驶室的列车。高速动车组自诞生以来，是以列为单位，多是8节车厢或者16节车厢为一列的固定编组。遭遇客流淡季时，如果想取消几节车厢是不行的，不可拆编会产生运能浪费。

中国首列可变编组动车组于2019年2月在唐山下线，这种动车组可以随着客流变化进行不同数量车厢的编组。旅客多时多点车厢，旅客少时，则撤销几节车厢。最小编组可为2节，最多可有16节车厢连接在一起。可变编组动车组不但车厢数量可以调整，速度等级、座席配置也可以设定和变化。

这种可变编组动车组为双层结构，这在动车组中比较少见。它设计有多种车厢：二等座车、座卧式VIP车、餐货和客货合造车等。座卧式VIP车可以转换为软卧车，餐货和客货合造车下层有独立货仓，能够运输小型冷链集装箱和一般行包。生鲜产品、医疗卫生急救等物流也可以“坐上”动车组了。

链接　动车组是怎样掉头的？

普通火车到达车站需改变方向运行时，普通火车机车要和车厢先脱钩分离，然后进行机车调车作业，将机车调到火车另一端重新连接，这样做耗时耗力。

而动车组掉头，是驾驶员将工作地点从这一头的司机室换到另一头，到另一端去操纵而已，车头即刻变车尾。这是动车组在运营中的重要优点。

九、高铁驾驶室：6 平方米的神秘之地

（一）6 平方米的空间

坐在动车组第一节紧靠驾驶室的观光区里，即使座位和驾驶室之间只设透明的玻璃墙，动车组的驾驶室依然是动车组上的禁地，犹如飞机的驾驶舱。

这个只有 6 平方米左右的空间里，主体结构是操纵台和驾驶员座椅。除此之外，这个小小的空间里已没有多少空地了。

通常，前面的操纵台称为主操纵台，两侧有辅助操纵台，称为左操纵台和右操纵台，在驾驶员座椅后面驾驶室隔墙的地方还设有一圈边柜。驾驶员座椅尽可能为驾驶员提供舒适感和方便感，功能和结构相对简单明了，因为动车组列车全部由一位驾驶员操作。

有个脑筋急转弯问题：高铁上有几个座位绝对不出售？

正确答案：2 个，列车头尾两端司机室里的驾驶员座。

（二）显示屏一主一备

操纵台则看上去没那么简单，各种显示屏和各种控制设备在这里

高铁驾驶室

集中出现，数量多到让非专业人员眼晕。

所有高铁车型操纵台上的显示器包括列车信息显示器、车内信息显示控制装置和列车引导信息显示器等固定的几样。国内的 CRH2 型和 CRH380A 型列车上的 MON 显示屏，CRH3 型和 CRH380B 型列车上的 MMI 显示屏，CRH5 型列车上的 TS、TD、BPS 显示屏等，类型不同，功能相近。但是，操纵台上显示器的简单化、统一化，是下一步发展的必然。

所有车型的动车组两端驾驶室内，都各有两台显示器，它们显示相同的画面，承担的角色是“一主一备”，在主显示器出现故障时会自动切换到备用显示器。当列车在运行中出现故障时，具有自我检测和管理功能的动车组信息系统会在显示器上显示出故障信息，并提供处理方案。

自动运行是动车组的特点，动车组驾驶室内安装有列车运行控制车载设备 ATP 的显示装置，在既有线上运行的还装有 LKJ 系统显示器。按照目前中国高铁的列车运行控制规则，在 CTCS-2 区段，列控车载设备 ATP 依靠接收地面应答器、轨道电路指令来控制运行。在 CTCS-0 区段，即既有线区段，LKJ 系统通过设定限速模式，输入相关运行信息和命令，靠驾驶员接收地面信号指示来控制动车组运行。

这些行业代号的英文字母代表着列车运行控制的系统代号。“CTCS”后面的数字越大越先进，现在已有了 CTCS-3，而所说的先进是指线路等级提高了。

（三）一定会有的红色按钮

操纵台的台面上有操纵设备，之所以称为“设备”而不称为“手柄”或“按钮”等，是因为各种类型都有。

没有方向盘的车是火车，动车组的操纵台上没有方向盘，主要有两个手柄：一个是主控手柄，用以加速和减速，另一个是制动手柄，用于停车。还一定会有一个红色按钮——紧急制动按钮，用于非常情况下的刹车，设计为按钮式是为了快捷完成操作。这个按钮在所有车型的驾驶室操纵台上总是以红色出现，以表明它的独特性和危险性。

高铁驾驶员视角下的一次“相遇”

而且，紧急制动按钮一定会在驾驶室操纵台的多个地方设置，以防万一。

驾驶室里的驾驶员还可以用机车综合无线通信设备 CIR 作为通信工具。CIR 是列车无线调度电话，接收调度命令主要靠它，同时，这种电话还能实施打印。在铁路特有的数字移动通信系统——GSM-R 覆盖的客运专线、城际铁路上，动车组驾驶员在驾驶室与地面的调度员以此为移动电话进行通话。

通信和空调控制等被定义为二类功能的设备，会被安排在操纵台左右两侧的辅助操纵台上。

（四）窗户 车门 电控雾化玻璃

动车组驾驶室的设施丰富性尽管比不上飞机，但数量依然不少。坐在驾驶员座椅上，前风挡玻璃从操纵台台面位置顺着斜度一直延伸到头顶，大量的日光倾泻下来，这个以黑灰色为基调的空间里充满了太空感。

不像普通机车那样，驾驶员会有自己专用的门，动车组列车没有驾驶室门，驾驶员要从车厢门上车，然后走进驾驶室开始工作。他们总是在旅客上车前上车，在旅客下车后下车，所以我们大多数时候看不到他们。

CRH380A 和 CRH380B 的驾驶室与观光区之间都采用了电控雾化玻璃技术，在驾驶室这边，通过开关，可以将观光区和驾驶室之间的隔离玻璃墙和玻璃门同步设置为透亮状态或者是雾化状态。透亮时，驾驶室内的情况一览无余，也可以向钢轨延伸的前方眺望，感受高速带来的愉悦。

第六章

运营

一、中国高铁运营：迎送 140 亿人次旅客

（一）庞大繁忙的高铁运营场景

2020 年 4 月 10 日，在 COVID-19 疫情之下，中国铁路再一次调整列车运行图。调图后，中国铁路旅客列车达到 4970.5 对，较现图增加 130.5 对，运输能力有新的提升。这些旅客列车中，有六成以上是高铁列车。

截止到 2020 年年底，140 多亿人次乘坐了中国高铁。

是什么成就了这世界上庞大繁忙的高铁运营场景？

中国高铁从一条线开始，连线成网，到“四纵四横”，然后做加法到“八纵八横”。到 2019 年年底，中国高铁网运营里程达到 3.5 万公里，比其他国家高铁线路的总和还多。占世界高铁路网六成以上的中国高铁网，是形成世界上最庞大繁忙的高铁运营网络的基础。

中国是人口大国，14 亿人口是高铁运营的利好旅客基数。但是，如果没有中国经济在这个世纪的快速增长，没有中国城市化进程的加速，这个旅客基数其实不会发生作用。比如印度，同样是人口大国，也有大量的旅客基数，就没有这样的景象。

白色动车组静待出发

国家主导下的大量高铁建设、14 亿人口、经济的快速发展和城市化进程的加速，所有的这些因素在这片国土上汇聚，成就了这世界上庞大繁忙的高铁运营场景。

（二）难度系数最高的高铁运营管理

在辽阔国土上驰骋的中国高铁，拥有世界上最大的高铁网，这让高铁可以跑得更远。中国之外的高铁列车一般最长运行 3 个小时左右。在中国，这个运行时间属于短途高铁列车。

由沈阳开往重庆的高铁列车全程 2858 公里，历时 16 小时 25 分；北京到香港西九龙的高铁列车运行 2439 公里，全程用时约 9 小时；哈尔滨西开往上海的列车全程 2422 公里，需要 11 小时 26 分……

运行 2000 公里以上，运行时间在 10 个小时以上，在中国铁路的运行图上并不少见。这样的高铁列车意味着：你在北京穿着冬装上高铁，在海南岛下车时需要换上短袖，气温升了几十度。

从雪域出发，穿越沙漠戈壁，疾驰在群山峡谷，从大海边一闪而过——长距离运行，穿越多个气候区域，中国高铁运营在世界最复杂丰富的场景中。

数年前，中国高铁高峰期每天开行动车组就达到了 7000 列以上，像上海虹桥站这样的特大型车站，平均 1 分钟不到就发一趟列车，实现了有序正点的运行。

高铁穿梭在群山之间

在这最复杂丰富的运营场景中，列车还要以最高的时速、最长的运行距离来运输数量最多的旅客，这其中的难度系数可想而知。

中国高铁用什么实现了高难度系数下的高铁运营?

“不是一些技术和方法，而是依靠一个体系。这个体系涵盖着许多个分体系：高铁试验考核、分级调度指挥、5 级维修保障体系、工务电务供电设备‘三合一’、养修管理检修体系细化到岗位的人员培训考核、灾难安全监控等举这个体系里一个简单的例子：中国新型动车组要经过 60 万公里和 1 年的考核，比国外的考核多出许多。”一位高铁技术人员说。

（三）运营经验是无比财富

中国铁道科学院收集着中国高铁自 2008 年以来的各种高铁数据：每一条高铁线路开通前长达数月的调试数据、每一款高速动车组 60 万公里和 1 年的考核数据、多列轨道检测车 1 年 365 天在高速铁路网检测到的数据、每天 5000 多趟高铁列车运营的记录数据、高铁运维平台车地无线传输系统 WTDS 数据、动车组运维信息系统 EMIS 数据、列车健康管理系统 PHM 等的数据……

10多年积累下来的这个大数据库,其实是中国高铁运营的“经验库”,在现实的运营场景中，故障解除、应急及救援都可以从这里得到支持。

“中国高铁的运营大数据和积累的经验，已经没有被超越的可能了，这是中国高铁最大的财富之一。”日本是最早在 1964 年就拥有高铁的国家，而日本的一位高铁专家如是感叹中国目前的高铁水平。

运营经验，让中国高铁可以自信满满地在这个世界上任何一个国家和区域开行高铁。

二、春运：星球最大迁徙中的高铁身影

（一）国家概念之“春运”

春节是中国人最重要的节日，“团圆”是这个节日几千年的主题。春节回家过年，要坐车的人很多。过完年，还要回来上班，所以坐车的人依然很多。

于是，以亿人次为单位的全世界最大规模的人口迁移，年年常规性地出现在地球上。

中国春运最早的记录出现在 1954 年，直觉告诉人们应该在更早之前。对于这个已把春节情绪深植到骨髓中的民族，回家过年的习惯有多早，“春运”这个概念就应该有多早。这个词即使没有进入记录，在现实里类似意思的词语也一定早早存在。

1954 年的客流与今天相比相差很远，日均客流 73 万人次，高峰客流 90 万人次，时间为春节前后 15 天。

2001 年的大年初一，北京铁路各站下车人数比往年多了 3.3 万人。那年，在不大的韶关站，站台上的固定售货亭和流动售货车，光鸡腿一天就能卖 5 吨。其中一个流动售货车在大年初七客流高峰日居然卖了

曾经的春运面孔——乘坐绿皮火车回家过年

1000串鸡腿。这一年，铁路发送旅客1.26亿人次。

2002年铁路春运，国家花费2亿多元用于对16000多辆绿皮车进行整治。春节后的四川广安站，等车的多是外出务工的农民，但是几年前装着被褥的编织袋满地堆放的情景没有了，人们大多行李简单。生活小细节，透射着社会大进程。这年春运的直通旅客日发送量比1999年创造的纪录提高了20.6万人次。这个数字隐含了春运的后发潜力。

2003年，铁路春运共发送旅客1.35亿人次。在这年的春运里，有4名列车厨师从新乡跑一趟杭州，烧完了1000公斤炭，用完了100公斤大米、5公斤盐和大量蔬菜。

2004年春运，铁路共发送旅客1.4亿人次。2005年春运旅客发送量与上年春运基本持平。2006年春运铁路共发送旅客1.49亿人次。2007年正月初七，490万人的客流刷新前一日474万人的春运客流最高纪录。自1997年到2007年的10年间，铁路春运中有8年的客流最高峰均出现在正月初七。这一年春运铁路旅客发送量达到1.56亿人。

2008的春运，因雨雪深刻地留在国家和个人的记忆里。这一年，为期45天而不是40天的铁路春运，1.96亿人次通过火车实现了自己的新年旅行。

（二）10年高铁春运

韩国春运也令人头痛，在那个国土面积并不大的国家，农历春节的人口大流动对交通运输行业而言也不轻松。为此，韩国成立了政府交通特别对策本部专门组织春节交通运输。在感恩节与圣诞节到来时，美国的交警不能安生，大批车辆往往会被堵在路上，若是雨雪交加，交通就更加混乱。

美国是一个被绑在汽车上的国家，而我们这个国家过去几十年和未来都将是一个被绑在火车上的国家。经济越发展，人口流动越频繁，需求越强烈，中国铁路春运的压力也就越大。

将 14 亿中国人尽可能多地安放在火车车窗的后面，在站台上送他们归家，这是任何人都愿意看到的画面。但是为了一年一次的春运而增大铁路车辆配备显然不是好方案。所以，春运之难，注定持续，也会是常规，中外通病，此并非中国特产。

可是，我们还是盼望：春运不再买票难，不再坐车难，不再车站里人满为患……我们的愿望可以统称为“春运不……”。那一系列“春运不……”的实现，高铁成为改变这一切的主力。而且，改变已忽然来到眼前，高铁像是动漫里神勇的蝙蝠侠。

2008 年中国开始有了第一条运营的高铁京津城际，2009 年春运是高铁春运第一年，1.92 亿人次创下春运旅客发送量历史新高。春运中铁路有 17 天旅客发送量超过 500 万人，其中有 7 天超过 550 万人，这里面有动车组的身影，高铁开始发力。2019 年铁路春运，全国铁路累计发送旅客 4.1 亿人次，连续 6 天旅客发送量超 1000 万人次高位运行。

从 2009 年到 2019 年，铁路春运客流量大量增加，这个增加的背后是高铁的发展力量。

每个人都希望春节是不打折扣的团聚，希望在几个小时后就能出现在老屋的门前，希望可以最快地看到爸妈的皱纹和笑脸，还希望那个“春运不……”的系列远些再远些，所以在站台上看到高铁时，眼神里不自觉地对它充满柔情蜜意。

以温暖开始的旅程，将会不差……

三、中国铁路列车时刻表和车型：为什么调整频繁

（一）中国铁路频繁调图

中国铁路列车时刻表调整频率之高让人们惊叹，因为中国铁路总在调图。

从上学到工作，到成家立业，60 后徐刚一直在乘同一趟列车从北京回老家成都：2 夜 1 天 36 小时，是他对回家路多年的记忆。徐刚 90 后的女儿听父亲讲回家的故事许多次，但是很难体会父亲的感受。现在，她和父亲一起回成都奶奶家，一趟高铁 8 个小时就到了。

中国的70后、80后记忆里列车时刻表变化的次数不多，一个车次、一种运行时间有时甚至从少年时期一直延续到青年时期。但是，21 世纪开始，中国铁路调图的次数多起来，最近这 10 多年，人们的印象是：中国铁路总是在调图。

调图，就是对中国铁路运行图进行调整。最近这 10 多年的调图建立在高延伸的基础上，高铁线路多了，开行的列车、开通的车站增加，普速客运转到高铁，给货运留出了线路空间。调图把线路资源最大优

化，让线路的运用更加合理高效，旅客出行更方便，也更好地满足货运的需求，所以每次调图总是受到社会瞩目。

中国铁路总公司在春运前、暑假前以及每个季度都会根据情况进行列车运行调整。

西成高铁（西安北站至成都东站）从开通至 2019 年，进行了 5 次调图。西安到汉中的高铁列车由 20 对增加到了 82 对，两地间日均旅客动车组达到将近 170 列。

2020 年上半年新的列车运行图增加列车 102.5 对，其中动车组列车增加了 73 对，普速列车增加了 29.5 对，旅客列车总数达到了 4346 对。这些数据的到来，带给旅客的最大实惠是出行选择更多。

（二）线路上的列车又换了车型

铁路调图的消息总是很容易成为新闻，如果稍稍留心，会发现高铁列车的车型也在不断调整中，中国铁路列车车型调整频率之高同样让人们惊叹，因为中国铁路总有新车型推出。

京津城际高铁，初期使用的 CRH2C 型动车组，然后是和谐号 CRH3C 高速动车组，之后改用和谐号 CRH3 高速动车组列车，再更换为复兴号 CR400BF 高速动车组。

在许多国家，一条高铁线路从建成到之后几十年，跑的常常是同一款高速动车组列车。而中国高铁为什么总是换车型，原因简单，因为总有新车型出现，调整成为必然。

经过近 20 年的发展，中国的高速动车组目前有“和谐号”“复兴号”两大系列 20 多种型号的高速动车组。

从最早的和谐号CRH系列，到目前的复兴号CR系列，车种换代，车型也一直在增加：抗风沙高铁动车组、卧铺动车组、智能动车组……技术不断提升，使用继续细化，舒适度进一步提高。

中国铁路列车时刻表和车型为什么调整频繁？

高铁出现前，中国铁路运行图调整较少，2008年高铁出现后，运行图一般一年一调。2013年开始一年两调，再后来发展为一年数次调整。2020年暑运，铁路运行图实行“一日一图”。从过去的“多年一调”到如今的“一年多调”，再到客流高峰期时的“一日一图”，显示出中国高铁越来越强的灵活性和管理能力。

四、1500 亿次 / 天：全球最大电子票务系统 12306 的日常写真

（一）浏览量高超过 1500 亿次 / 天

12306 的全称是“中国铁路 12306”，网址 http://www.12306.cn，是中国铁路的网络售票系统。

从 2011 年 06 月 12 日开始，最初只能出售京津城际列车一线 4 个车站车票，到 2020 年刚刚 9 岁的网络票务系统，已经成为全球规模最大的实时票务交易系统。

12306 网页浏览量高峰时超过 1500 亿次 / 天，每天处理的业务数据量高达数百 TB；12306 年售票量超过 31 亿张，日售票能力达到 1500 万张，也就说高峰时每秒售票量达 700 张。12306 的到来，也让中国铁路互联网售票占到铁路售票总量的 82.8%。

12306 的履历表是这样的：

2011 年年底，售票覆盖所有车次；

2013 年，12306 手机客户端推出；

2014 年，推出网购车票快递服务，预售期由 20 天延长至 60 天；

2015年，推出“变更到站”，无须将原车票退票后再另购新车票；2017年，乘坐高铁列车的乘客可提前预订车上的盒饭或站外的食物；线上选座功能推出，“接续换乘”推出，系统推荐连续换乘车次，可一次完成两段行程车票的支付。

2019年，推出候补购票新服务，可在线排队候补购票；能将多人同一订单购票的旅客安排在相邻的座位或铺位，还能凭身份证号识别60岁以上老年旅客优先安排下铺。

现在，12306注册用户数超过6亿。

（二）12306的大数据

平常日子，12306的流量并不惊人。但是在这个人口基数是14亿且因日益富裕而旅行客流逐年大量增加的国家，节假日网上车票预订就自然会出现井喷的流量状态，特别是春运期间。

中国铁路每天春运运送的旅客以亿为计量单位，每年只增不减，屡创新高。2015—2019年春运铁路总计发送旅客人次分别是：2.95亿、3.26亿、3.57亿、3.8亿和4.1亿。大运量数据，让12306年年面临大考。

车票数据，是12306面临的另一种复杂性大数据。大数据的复杂之处在于SKU（Stock Keeping Unit，库存保有单位）并不像一般电商那样，可以通过区别货品有和没有来简单计算，而是需要结合每条线路的不同区间来做复杂运算。

比如一趟高速列车共有17个站，3种座位，我们可能习惯地认为这就是3种商品：商务座、一等座和二等座，但是单按车站区间来计算，这趟列车的商品种类多达408种。注意这里指的是商品种类，而不是商品数量。

12306 的 SKU 还是时刻动态变化着的，旅客每买一张车票，12306 就需要更新相应线路的所有车票数据。铁路“区间限售”的售票模式，即车票按指标分配仍然存在，于是数据量再次加大。而大量第三方抢票软件给 12306 带来的是巨大的数据量。这些以余票查询访问出现的数据，占 12306 整个网站流量的 90% 以上，业务高峰期并发请求密集，一个第三方软件进入 12306 的流量，会让小电商网站立刻崩溃。

12306 面临的数据有多复杂？资深专业人士的回复是，12306 的动态库存比我们平时买东西的任何网站都要复杂太多太多。

北京，2020 年 1 月 10 日 8 时 40 分，中国春运首日，12306 客票系统的监控数据显示，已售车票 1,441,548 张，手机客户端售票量占比 78%。

链接 中国电子车票实现全面覆盖

在网络售票平台上选购车票是以网银等形式进行电子支付，短信信息作为购票凭证，代替了纸质车票乘车，环保便捷。中国自 2011 年 9 月 30 日起，所有高铁及动车组列车实行网络售票；2011 年 12 月 24 日起，所有旅客列车实行网络售票；2020 年 4 月 29 日起，全国高铁和城际铁路实现电子客票全覆盖。

五、不迎接旅客却非常重要的高铁列车：“黄大夫”、轧道车

（一）“黄大夫”：神秘的高铁列车

这是不接待旅客的列车、颜色特殊的高铁列车、在线路上狂奔几乎不停站的列车，是神秘之车。它是高速铁路轨道检测车，铁路业内称之为检测车，也被爱称为“黄大夫”。

高速综合检测列车同普通高铁列车一样，也是 8 节车厢，外形和动车组列车一致，只是颜色是黄色。8 节车厢分别被设定为工作车、休息车、餐车、会议室等。

车上不同部位都携带了探头和传感器，其中对线路检测是用红外探测仪，依靠激光三维定位技术对高速线路进行全面的精测精量。检测车一路跑下去，各种仪器对线路及通信等进行数据采集，数据实时上传到列车上不同专业的电脑进行汇总分析，汇总数据在数小时以内报告给上级机构。

在检测车上工作的人们分属于铁路不同的部门，负责线路、信号等来自不同单位的人一起在车上工作。车上按车厢划分了工作区，大

高速铁路轨道检测车——“黄大夫”

家各自工作也分工协作。

当普通铁路需要巡道工提着小锤 1 米 1 米巡视检查时，高铁则只要开一趟检测车跑一遍，线路的情况便纤细毕现。这是科技的力量，也是高铁的特殊需求。高铁不再是传统铁路的分段式维护，而是要夜夜维护，几百公里直至 1000 多公里的全线都要在 4 小时内检修维护好，靠人力肯定是不行的。重要的是，高铁的技术含量已不能允许仅仅采用双脚加小锤的工作方式，高速综合检测车到来，如医生一样为高铁线路进行全面“体检”。

中国高铁 10 多年以来开行检测列车，为线路维护提供了指导，所收集的巨量数据，为高铁的建设、运营和未来发展助力。

（二）坐高铁最多的人

刚刚过了凌晨 4 时的高铁车站，安静得失常。有一些人，但很少，少到身影飘忽。在巨大的空间下，又因为大部分灯都关闭，昏暗的候车空间和站台带上了夜晚特有的那股寒气、那种倦色。

此时，只有一个站台上有亮着灯的高速动车组。它不是通常的白色，而是黄色。这是被俗称为“黄医生”的高速综合检测列车。

眼前这一列车车号为 CIT001，是中国第一列高速综合检测列车，又称“0 号”。像其他几辆高速综合检测车一样，0 号车每月两次在全国的提速或高速铁路上不停歇地奔跑。

随车工作人员有 20 多人，多是线路、通信、信号、供电等专业的技术人员，还有资深的专家，李红是 0 号的车长。

在这一群人里，李红普通而安静。他工作的几个车厢，分别按轨道检测系统、综合检测系统、接触网检测系统、信号检测系统和通信检测系统来分类。车上有大腕级的专家，李红介绍他们的词语虽简单，却能感受到他们的分量。

休息车里有 10 个小包间，每个小包间里住两个人，床铺面对面。李红住那间的门上，特别地挂着一个“车长”的牌子。李红说，有事时便于人找。李红和同事们的工作就是伴随着检测车在路上奔跑，一年之中他们有 300 天在车上度过，多的时候一年跑 3 万公里，平均一天接近 1000 公里。

不迎接旅客的高铁列车上，这个星球上坐高铁最多的人是——检测车上的工作者们。

（三）每天开行的第一趟高铁列车：轧道车

凌晨 3：00，高铁司机王亮完成签到，登上列车。他值乘的列车是一趟 DJ 开头的列车。

DJ 开头的列车不对外公布，这种车次不是图定列车，是轧道车。每天在旅客列车动车组出发前，都要开行一趟确认车提前探路，及时发现可能危及旅客列车安全的隐患，相当于是给其他高铁列车兄弟们“蹚蹚道儿”“ 探探路”，所以轧道车也被称为“排雷车”“探险车”。

轧道车的车体还是高速动车组列车，只是不载客，空车运行。轧道车会以每小时 300 公里的高速度运行，中间不停站，直达指定终点。

王亮上车后，开始检查车组状态。“每天都要检查，这个过程有七、八个步骤，全部通过软件进行检测，一般耗时 1 个小时。”这些检测相当于给这列高铁列车做一个全身体检。

轧道车启动，驾驶室里有 3 个人，除王亮之外，还有一位随车机械师和一位线路工，他们都带着专业设备和记录本。

王亮不间断地瞭望车灯照射范围内的接触网、线路有无异物，关注着多个显示屏的数据，留心着所有细节。随车机械师除了在司机室关注着车辆的状态，他随身带着各种各样的工具在全列车厢中往来穿梭，检查每一项车内服务设施，在监控室内实时监控。

线路工借助便携式添乘仪收集线路质量数据，靠自身的体感和丰富的经验来捕捉那些常人感受不到的细微晃动，发现异常及时通过电话和整改通知书告知地面工作人员及时处理。

轧道车一路飞驰。当东风破晓时，当确认一切正常时，第一趟高速旅客列车带着旅客出发，高铁网繁忙的一天再次开启。

六、微距动车组司机：中国高铁驾驶员的职业生活

（一）背诵 300 页操作规章

清晨出发的高铁列车的驾驶员们，前一天夜里会在驾驶员公寓里休息，因为即使是7时后始发的列车，他们在5时左右就得出发上车了。

高铁驾驶员是火车驾驶员里的“金领”，2006 年前后的第一批高铁驾驶员，有许多是直接到国外接受培训的。现在，国内的技术标准和体系建立后，高铁驾驶员依然得接受严格的培训和考试。

在北京铁路局集团，高铁驾驶员从普通机车驾驶员中选拔，年龄、身体素质首先需要符合条件，之后才能参加理论考试。入围的驾驶员们被集中数月学习，包括车下理论和车下实际操作，然后是再次考试。合格后还必须在高铁线路上驾驶动车组跑够近万公里，才有望转为正式的高铁驾驶员，而是否能拿到驾驶证，则还是由考试成绩和评审团决定。

高铁驾驶员必须全面掌握车型和线路的技术信息。动车组驾驶员的考试用书，厚近 300 页，背诵技术指标和操作规章是每一个高铁

驾驶员忘不掉的记忆，因为不仅仅是要求记住和了解，而是要求在最短的时间回答和反应出来。而对线路的情况掌握，要细化到每一个信号灯在什么地方出现。因为，在他们的驾驶下，是一列每秒奔跑出近 100 米高速的动车组列车。

不同铁路局的高铁驾驶员上车的地点和时间会不同，多数是从动车库上车，少数从站台上车。所有的高铁列车已没有独立一节的车厢，也没有为驾驶员专设的驾驶室车门，只在车厢端部用隔离墙隔离出一个空间。

在还没有旅客的时候，高铁驾驶员通过车门进入前进方向的第一节车厢，穿过观光区，进入驾驶室。关上驾驶室的门，空间自此独立，工作开始。

“复兴号”线路上的驾驶员

（二）列车启动了

开车前的准备工作可以统称为“检查”，在业内称为“试验”。当驾驶员将主控钥匙插入操纵台的电脑插口，此程的工作宣告开始，开车前的检测工作也从此刻开始。

驾驶员的主控钥匙就是个人电脑磁卡，驾驶员个人信息和此次乘务指导信息全部存储在内，并设定了控制要求。

主控钥匙插入后仪表闪烁，高铁列车的电脑控制系统自动检查各个系统性能并显示，此过程称作“自检”。看到信息一切正常时，列车全列处于随时待发状态，等待启动命令。

京津城际铁路上的 CRH3 型动车组的驾驶室除去控制台和边柜，剩下的空间只有3平方米左右，也就是一张1.5米宽的小双人床的大小。而这个小小的空间的中间，伫立着一张算得上巨大的驾驶员座椅。高铁列车全部实行单驾驶员制，驾驶员的责任重大，驾驶座位非常重要。

车站调度中心值班人员用对讲机提前提示开车准备，列车时刻表也会提示开车时刻的到来。终于，在接到值班调度的话语之后，信号灯转换，操纵台上的驾驶员轻轻推动手柄，列车缓缓启动。

（三）军事化操作

“开关位置检查，正常。数据输入，制动机试验……”驾驶员从上车开始就在报诵着每一步操作程序。

驾驶员不断重复调度的语音通知。操作规程中，对高铁驾驶员的动作和语言有明确的要求，有格式化的痕迹，也有长期以来铁路军事

高铁司机们实地交流经验

化管理的传统。因为高铁重要，铁路方面对此就更为强化。

主控钥匙里已设定好了不同区段的线路信息和运行速度上下限要求。高铁驾驶员的工作就是控制两个手柄，提速或者降速，再无其他。

高速动车组列车一般时速会在 200 公里以上，高速到 350 公里左右。在这样的速度之下，驾驶员一边看显示控制信息的屏幕，一边要全神看前方线路情况。而目视前方时，看什么，按什么先后顺序来看都有统一的作业标准要求，轨道、接触网和信号是三大主要内容。

列车在轨道上奔跑时，此趟列车的每个区段的运行速度要求已全部设定好，一旦超速，列车“黑匣子”就会报警，列车会自动减速，严重时自动停车。所以，超限速是驾驶员工作中的红线，切不可碰。

一旦特殊情况出现，如显示屏上列车的控制和检测系统显示有异常情况或线路上忽然有异常情况时，驾驶员需要在极短的时间做出动作反应。CRH380A 动车组在 300 公里时速下，从紧急制动到停止下来，依然会冲出 3.8 公里。

（四）杯中水不动，香烟竖起不倒

安全之外，操控舒适度其实是考验每一个高铁驾驶员的又一主要指标，道岔、风速、曲线、坡度等与速度有关系的因素需要在操作中协调和平衡。停车时，车要对准停车标志位置，启动和加速时的标准被形象表达为：杯中水不动，香烟竖起不倒。

高铁驾驶员的工作环境如在私家车里驾驶一般，有的车型更有飞机驾驶舱的感觉，只不过仪表盘和开关少一些而已。这样的环境让高铁驾驶员显示出气质，加上他们的制服，整个人很有精神。

（五）“死人装置” 门对线精确停靠

在高铁的驾驶室里，列车向隧道里飞驰而去时，在驾驶室里的人感觉车几乎是向着山体直撞过去，这种速度带来的视觉偏差让人惊心动魄。

如在高速公路上驾驶一样，高铁驾驶员在疲惫和长时间固定甚至静止操作中极易进入麻木状态，这时，高铁列车的一个小小的功能设施将发挥作用。驾驶员在岗位上必须每隔 30 秒按下驾驶员座位旁边的警示钮，否则它会响起，来提醒驾驶员。这个就像是动车组的“心跳”，需要驾驶员来不断激发。一旦“心跳”没有了，也就是在它响起后如果驾驶员不按下警示钮，列车将自动减速直到停止。所以此装置也俗称为“死人装置”，这是列车安全多重保障措施之一。

列车运行中，减速和提速有着严格的要求。高铁晚点对高铁驾驶员来说是安全之外最大的考核指标，在一个全体高速、车行密度

列车铁路调度大厅

极高的穿梭空间里，任何一列列车的晚点会直接影响多趟列车。运行中，调度中心工作人员在对讲机里说一句“注意速度！”，足以给驾驶员带来压力。

列车到终点站了，驾驶员座椅和站台上的停车标志平行成一条直线，列车每个门也会与地面的停车线对应，列车精准停靠，旅客下列车，这是此趟运行的最后要求。

此时高铁驾驶员的身体明显地放松下来，但是他们不能到站台上去做片刻放松，还有作业：要让位于尾车的驾驶室变成头车，准备返程。十几分钟、半小时或 1 小时后，新的旅客上车，列车返程，又一次操作开始。铁路部门规定，高铁驾驶员连续工作时间不能超过 4 小时，每次驾驶间隔至少休息 6 小时。乘坐高铁时，我们常常能看到高铁驾驶员在一个中途车站换班。

高铁司机们在中途换班

链接 火车司机有哪些？

中国火车司机目前分为旅客列车司机、货物列车司机和调车司机。其中，对客车司机的技术水平要求在三类司机里最高。

客车司机又分为普速列车司机、高铁司机，高铁司机技术要求最高。第一代高铁司机多是从普速司机中选拔和培养出来的，目前有职业院校专门培养高铁司机。

七、“陆地航母”：56 个高铁动车所的形象和功用

（一）“陆地航母”蓄势待发

凌晨，一列列完成检修的动车组集结在动车所。

在无人机的拍摄下，一个个震撼的画面到来：夜色还浓，黑暗中成排的灯光勾勒出一个巨大的区域，轨道上几十列或者上百列的白色动车组如军人一样整齐列队，沉默中蕴含力量。

四周的黑暗如夜晚的大海，中间明亮处成排的动车组铺出了一个边角形状很像航母的形状——图片在网络上一出现，网民们给了一个标题：“陆地航母”，蓄势待发！

动车所与高铁同步到来，是高速动车组停放、维护的场所，也就是高铁列车的“家”。动车组夜晚在这里休整，清晨出发奔波一日，夜晚再回来。

中国共有哈尔滨、沈阳、北京、郑州、武汉、西安、上海、南京、福州、广州等 12 个动车段，每个动车段有几个动车所。到 2020 年，全国共有 56 个动车所，有近 2000 条存车线。

动车组集结在动车所

这些惊人的数据，在夜晚的镜头下成为惊艳的画面。这些画面散播在中国各地，激励人心。

（二）上海虹桥动车所

上海虹桥站是京沪、沪杭等多条高铁线路的起点，是中国举足轻重的高铁车站，与之相伴的虹桥动车所的地位同步提升，这是中国主要动车所之一。上海虹桥动车所为虹桥站始发的动车组列车提供配套服务，它的地点就在虹桥站附近。夜晚动车到站下客后，会驶上连接动车所和车站的专用线，在夜色里慢慢地驶入库区的整备线或库内轨道。

从功用上看，这里是一个巨大的停车场加 4S 店，不同的是，因为车的身形可达 200 米或者是 400 米以上，这里显得格外壮观。

动车所的名字来自 500 多米长的检修轨道的动车组检修库，这个巨大的建筑物是一个太过狭长的长方体。紧挨动车所的是整备线，也就是铁路的停车场。动车组一个一个排着队先入库检修和补给，结束后到整备线停靠待发。

动车所的厂房里，长达 500 多米的检修台位在动车组的两侧延伸，检修通道分为 4 层，这 4 层将动车组列车立体包裹起来，便于库内检修。

最常用的一层在地面，轨道在离地面 1 米多高的位置上，停放在上面的动车组实际上被架空了，检修人员可以在地面检修动车组的转向架和车两侧悬挂的大部件，无须低头和抬头，轮对部分的设备仓就在与眼睛平视的位置，降低了工作疲劳度。

轨道下面的地面被深挖后加装灯光，建成了最底一层的检修通道，俗称“地沟”。“地沟”的灯光下，车底部的管路等各类部件全部清晰地展现，动车组最隐私的部位得以检修和保养。

动车所内景

上几层台阶，与车门平齐位置的通道，是进入车内检修的通道。再上一层，最高处的通道是用于检修车顶设施的，并不常用，最高一层是折叠通道的设计，将折叠的那部分打开，可以走到车顶上方位置。动车组车顶部件较少，受电弓是最主要的也几乎是唯一的易损部件，这条通道使用率不高，却是必不可少。

厂房的一侧是办公和休息用房，建成两层，楼道设在动车组检修轨道这一边。站在那里透过玻璃窗，可以看到整个动车所的壮观景象。厂房是这里的主体建筑，在这个面积很大的区域里，还有配套的建筑，主要是盖得很漂亮的动车组驾驶员公寓，阳台落地窗，极具时尚感，至于是否舒适，下了车在这里休息准备再出发的动车组驾驶员最有发言权。

动车所的最高层，工作人员检修受电弓

厂房外面有一个自动洗车库，列车从库里慢慢通过，一路风尘的车经过这里便清爽干净了。

（三）夜晚 9 时到凌晨 4 时最繁忙

动车所空间太大，白天却总是看不到多少工作人员。因为在这里，夜晚才是“白天”。

动车所，主要的检修工作在夜晚进行，因为只有在那个时段，动车组才“回家了”。白天，车都在线路上运营。夜晚 9 时到凌晨 4 时之间，是动车所里工作人员人数最多的时候。

在这里工作的人，并不全是动车段的职工，铁路各个单位专业分

动车所的最底层，工作人员检修车底部的管路

工不同的工作者，都会按区域和流程在所内作业。这边是信号段的，那边可能是电务段的，厂方的维修人员占了很大一部分。多数人面孔年轻，不少是刚毕业的大学生。

处理故障、补充给养、保洁车内、配齐所有备品……等这些都完成后，焕然一新的动车组被推出厂房，下一列动车组进入台位，作业循环进行。

动车组的设计和制造主旨之一是少维护，在大多数情况下，夜晚的常规检查并不紧张，当然一些故障处理除外。最紧张的时候，整个虹桥动车所连一列备用车都没有，也就是说，如果夜晚动车组的故障不能处理，在没有替补车的情况下，第二天的某一趟列车就可能停发，

动车检修车间

而车票这时已经出售了，此种情形下，检修人员在黑夜里的工作压力可想而知。

多数工作者的家在上海城区，他们总是骑着电动自行车在黄昏时到来，一夜工作后，在黎明时返回。常常，我们获得的便捷舒适是建立在我们不知晓他人的劳作之上。

动车所的一侧便是沪杭高速铁路连续的桥梁，平均几分钟就有一列动车组快速飞驰而过，动车所与它们相比显得如此安静，却又是如此充满了依托。

链接　动车段和动车所的功能

动车段是高铁运营的配套机构，负责高速动车组的日常维修、保养、停放。动车段按路网、高速动车组配属数量，由铁路局集团设立。多数铁路局集团设有一个动车段。

动车所是动车段下设的二级机构，高速动车组的日常维修、保养、停放的执行者，多设在大中型城市，选址在靠近火车站的城郊接合部。虽然称为“所”，但因为中国高速动车组的开行量，每个动车所占地面积都很大，这样才能容下夜晚回库的动车组。检修库和停车线是动车所的两大设施，检车库长达 500 多米，停车线一般长达过千米。

第七章

观点

一、中国中车集团“掌舵人”孙永才谈中国高铁

1958 年，新中国第一台电力机车和内燃机车诞生。

1964 年，日本新干线高铁开通，此时中国铁路的牵引动力主体仍然是蒸汽机车。

1983 年，现任中国中车董事长的孙永才进入大学校园，那一年他第一次见到火车，那时候中国列车平均时速是 40 多公里。

2020 年，中国拥有世界上最大的高铁网络和运营速度最高的高铁列车，中国铁路装备特别是高铁装备实现了让人惊叹的“弯道超车”。

中国中车“掌舵人”孙永才

中国高铁装备“弯道超车”关键点在哪里？孙永才认为，中国高铁装备像齿轮一样环环相扣、精准到位的产品换代发挥了重要作用。

（一）牵引换代：铁路重载装备推动准高铁时期形成

总结中国高铁发展历程，20 世纪 90 年代初至 2002 年，被视为高铁技术发展的第一阶段，即技术积累阶段。2002 年底，中国自主研究、设计、施工的第一条时速 200 公里铁路客运专线秦沈线建成，中国研发了“中华之星”等动车组。作为铁路装备行业核心技术的机车，成为推动形成这一准高铁时期的主要技术力量，而重载机车是主要技术点。

1997 年后的 10 年间，迎来了中国铁路连续 6 次大提速，铁路装备行业处于“群体技术健身”的热潮中。在研发了中国第一台内燃机车“巨龙号”的大连机车车辆厂，时任副厂长的孙永才希望这家中国铁路装备的核心企业，实现由单一的内燃机车研发向“内燃机车升级 + 电力机车研发”的转型。3 年时间，韶山 7E 型机车、中国首台时速 120 公里货运交流电力机车、“金轮号” 内燃动车组、“普天号”内燃动车组从这里下线。

在之后 5 年里，在原铁道部的指导下，孙永才和技术团队投入“大功率机车关键技术研究及装备研究”项目，从单轴功率 1600 千瓦的六轴大功率电力机车，到带直供电客货通用六轴大功率交流谱系机车产品相继问世。2010 年 11 月，由他牵头的“六轴 7200kW 大功率交流传动电力机车的研发及应用”项目荣获国家科学技术进步奖一等奖。

2014 年 4 月，4 台大功率电力机车牵引 300 多辆满载 3 万吨煤炭的重载列车在大秦铁路启程，让中国成为世界上仅有的几个掌握 3 万吨铁路重载技术的国家之一。重载牵引技术推动铁路装备牵引技术水平提升，这是高铁装备实现“弯道超车”的预备动作。

（二）平台化：和谐号 CRH 高速动车组多速度等级、全覆盖高铁运营需求

2002 年，中国开始了以“引进消化吸收再创新”为路径的高铁技术开发。从那时开始，这一路径主要集中在高铁装备行业，应用成就明显，不断推出的高速动车组每一次都成为新闻热点。

和谐号 CRH 高速动车组是中国高铁的第一个系列车型，2006 年 7 月，CRH2A 型高速动车组下线，这是中国第一款高速动车组。之后持续研发，2011 年推出了 CRH380 系列。和谐号 CRH 高速动车组发展为 3 个等级的速度平台：时速 200—250 公里高速动车组平台、时速 300—350 公里高速动车组平台、时速 380 公里高速动车组平台。

2008 年，原铁道部与科技部联合实施《中国高速列车自主创新联合行动计划》，让中国高铁进入全面自主创新的黄金时代。孙永才在顶层设计中提出了“协同创新”的理念，高校、科研院所、国家级实验室和工程中心搭建起异地协同设计平台，1 万多名工程技术人员共同攻克核心技术难关。异地协同设计平台充分发挥了资源联结作用，动车组研发周期缩短 40%。

和谐号 CRH 高速动车组的车型不仅创造了铁路运营试验最高速，也满足了高铁线路不同速度等级、不同地质气候环境的需要。CRH380BG 型动车组配备六大抗高寒技术，成为世界首列在零下 40℃的环境中以时速 300 公里等级运营的动车组。

和谐号 CRH 高速动车组产品的研发持续近 10 年，一个个新车型推出，车型换代如齿轮一样环环相扣，一次次实现了在世界高铁装备行业的“弯道超车”。

（三）谱系化：复兴号 CR 高速动车组形成国际竞争力

2014 年，时速 350 公里的中国标准动车组开始研发。在原中国铁路总公司的牵头组织下，这次高速铁路装备新维度的研发最终形成了“复兴号”CR 高速动车组系列。

以自主化、简统化、互联互通、技术先进为目标的这次研发，被认为是一次中国高铁装备以世界领先为目的的，精准到位的全面布局。“标准”是走向市场的通用交易货币，这次研发形成的高铁中国标准，其实质是将高速铁路装备提升到世界领军的层面。

“复兴号”的研发联合了众多科研机构、高校、国内企业，孙永才主持组建和统筹工作，组建形成了以中车为主体，“政产学研用”深度融合，开放、协同、一体化、全球协同的技术创新体系。

统一的技术标准体系的建立要综合各型高速动车组的优点，不同主机厂研制的动车组要实现互联互通互换、重联运行，牵引、高压、转向架等 11 个系统和 96 项关键部件要实现统型，仅网络控制系统就有 3000 多项信息接口需要一一确认什么时候传递信息、怎么用、什么时候反馈等信息，时序必须准确——这是一个庞大的工程。孙永才跟进研发节点和试验进程，与团队逐一解决。

研发团队对动车组九大关键技术和 10 项配套技术进行优化提升，完成许多世界范围内的高铁技术难题。503 项仿真计算、5278 项地面试验、2362 项线路试验后，“复兴号”CR400 系列两款高速动车组推出。2017 年 9 月 21 日，“复兴号”动车组在京沪高铁以时速 350 公里运营，中国成为世界上高铁商业运营速度最高的国家。之后“复兴号”CR300 系列、“复兴号”CR200 系列连续推出，“复兴号”CR 形成谱系化。

“复兴号”CR 形成谱系化，表象是一批性能优越的铁路装备产品到来，产品背后的价值更重要。作为产品升级换代的主要组织者和学科带头人，孙永才总结，中国高铁装备完整的具有完全自主知识产权的技术体系得以建立，技术体系的“中国标准”带来国际竞争力，而在这一过程中构造的以 PHM 健康管理体系为代表的高铁装备数字化运维体系、以自主知识产权为核心的供应链体系，为中国高速铁路装备下一个“弯道超车”提供了动能。

二、中国轨道交通装备如何步入国际化“提速”通道？

中国轨道交通装备从 19 世纪 80 年代起开始出口世界，目前已经拥有了较高的产品口碑。近年来，中国轨道交通装备业国际化进程明显加快，产品已经服务于全球 105 个国家和地区。

“整合、做强、共享”是中国轨道交通装备业推动国际化的独特提速模式，以高铁装备为代表，中国轨道交通装备业的国际化也正在进入高端化层面。

（一）“优”“强”“大”：上市、重组的核心目标

2008 年，中国南车、中国北车的 A 股、H 股上市让中国轨道交通装备制造行业进入资本市场，加上国内轨道交通市场拉动，中国轨道交通装备制造业踏入发展快车道。

时任中国北车总工程师的孙永才在上市过程中进行了推介，从国家战略、行业形势、发展目标等方面向投资者“讲真实的故事”，企业的技术实力和市场前景被一次次反复阐述。在反复讲述中伴随着 A 股、H 股上市成功，孙永才对轨道交通装备业发展有了深入的理解和思考。

培育具有全球竞争力的世界一流企业，是中国政府一直以来的想法。轨道交通装备业是“大国重器”，是产业引擎之一，重组提高中国轨道交通装备业的产业集中度，有助于打造世界一流跨国企业，增强国际竞争力。

2014 年下半年，中国南车、中国北车重组工作启动，孙永才是筹备组主要成员。两家企业资产规模大、职工人数多，都是横跨沪港两个资本市场的上市公司，重组整合影响因素复杂，在当时没有先例可循。通过研究国内外市场，与多方反复磋商技术、市场相关事项，筹备组提出了“对等合并”的重组方式，多次细化的重组整合方案赢得各方认可。2015 年 6 月 8 日，中国中车股份有限公司（后简称“中国中车”）在沪港两地鸣锣上市。9 月 28 日，中国中车集团有限公司正式成立。中国南车、中国北车的合并重组被公认为是中国央企经典重组案例。

这一重组整合的终极目的是为了强化实力、跨国经营，打造全球一流企业，合并后其整体规模快速晋升世界前列的中国中车，立刻加快了国际化之路。

（二）国际化之路的“核动能”：市场份额后面的管理整合和研发整合

经过多年积累，中国轨道交通装备业已经形成了高速动车组、机车、客车、货车、城市轨道车辆等组成的出口产品谱系，能够满足全球范围内轨道交通不同模式、不同运量、不同环境的运行要求。

企业的重组整合一般带来产能、市场份额的直线增长，这属于“量”

的提升，而“质”的提升因为重要，更值得期待。孙永才一直认为，企业重组整合后的管理和研发，是企业“质”的提升的重要内容，而“质”的提升是企业国际化之路的“核动能”。

轨道交通产品研发在过去出现研发、制造时间紧张的情况，有的甚至出现超期。在轨道交通装备企业内部，虽然企业市场拓展迅速，但产品研发和许多主要业务管理流程仍是传统方式，没有全面实现信息化和数字化，这直接影响着整个行业的发展优势。孙永才在就任中国中车集团有限公司总经理后，将信息化加快引入企业管理，建立起覆盖主要业务流程的数字化运营平台，并在所有企业推进了精益管理。

近年来，在轨道交通装备企业中，全面投入使用的数字化运营平台，助力各企业新产品开发及技术准备周期缩短 30% 左右，工艺管理效率提高 80% 以上。

研发整合思路的全球协同技术创新体系，在提高轨道交通装备的国际化质量中发挥了作用。多个轨道交通装备企业在北美、欧洲等建立了联合科研机构，不仅联合国内科研机构、高校、国内企业，也联合国外研发力量，深度融合、开放协同的技术创新体系，让中国轨道交通装备技术发展提速。

2019 年以来，京张智能高铁动车组、京雄高速动车组、时速 600 公里高速磁浮、新一代碳纤维地铁车辆等世界前沿轨道交通装备产品一一到来。

（三）融入，共享：产品出口从中低端转变为高端的秘籍

轨道交通具有环保、大运量的特点，21 世纪以来一直是交通基础

设施建设的热点之一。目前全球铁路运营总里程已超过140万公里，国际市场份额较大。2013年以来，中国轨道交通装备业已经与俄罗斯、印度、巴基斯坦、欧盟等“一带一路”沿线多个国家和地区达成了重要合作意向。然而，让出口实现从中低端到高端的升级，不是简单的工程。

2016年11月，中国中车与澳大利亚唐那集团（Downer Group）、普莱纳里集团（Plenary Group）等公司组成联合体，以PPP模式中标澳大利亚墨尔本高运量地铁车项目合同，总金额达20亿美元。2017年11月，中车在墨尔本设立亚太总部和分研发中心。

孙永才将中国中车的国际化战略定义为“产品+技术+服务+资本+管理”五要素合一经营模式。澳大利亚墨尔本地铁项目就是五要素综合输出的典范，实现了“走出去—走进去—留下来”。

“本土化制造、本土化采购、本土化用工、本土化维保、本土化管理。”为了更好地输出，中车近年来持续推进这“五本”模式建设，孙永才认为“为当地创造的每一分价值都将转化为中车的品牌和口碑”。在美国、土耳其、印度、马来西亚、东盟等国家和地区，轨道交通装备制造基地带动了当地就业和产业链的完善。

在2018年中国500强企业高峰论坛上，孙永才提出了轨道交通装备国际化经营的“五步阶梯”策略：“通过走进、站稳、安营、融入、共享这五步阶梯，为用户提供智能交通、智慧城市、数字社会、生态环保的系统解决方案。”这一年，孙永才荣膺“最具领导力CEO”大奖。

目前，中国轨道交通装备行业企业在全球26个国家和地区设立了83家境外子公司和18家境外研发中心，服务全球109个国家和地区，基本覆盖了“一带一路”沿线国家，83% 拥有铁路的国家都有中车的产品。多年的国际化发展，中国轨道交通装备行业企业已经成为中国高端装备“走出去”的典范。

链接 世界最大轨道交通装备企业——中国中车

2015 年，中国南车股份有限公司与中国北车股份有限公司进行合并，合并后的新公司更名为“中国中车股份有限公司”，简称“中国中车”。

数据显示，目前全球轨道交通市场份额，日本川崎重工占 9%，法国的阿尔斯通占 8%，德国的西门子占 3%，中国中车占据世界轨道交通市场份额的 69%，中国中车是世界最大轨道交通装备企业。

三、高铁“第一”的研发者：总工程师梁建英团队

2006 年 7 月 31 日，中国第一列高速动车组下线。2007 年 12 月，中国第一列时速 300 公里高速动车组成功下线。2008 年 9 月，世界首创的长大编组卧车高速动车组投入使用。2010 年 8 月，中国第一列最高时速 380 公里的高速动车组问世。2015 年 6 月，第一列中国标准动车组（复兴号动车组）下线。

这些“第一”的研发者，都是中车青岛四方梁建英团队。梁建英是高速动车组技术专家，是中车四方副总经理、总工程师。

科技成果的到来是由一个个重复、枯燥、疲累的时刻组成的，高速动车组的研制不会例外。有 50 多万个部件的高速动车组是怎么研制出来的？过程中的精髓细节是什么？藏在其中的重要信息是什么？

（一）列车性能按技术指标分解，10 个体系自循环迭代优化，上万名技术人员合力

当行业主管或者高速动车组的使用方发来设计新车的指令和需求后，在设计师们启动设计软件之前，设计师要设定好新车型的 DNA：站在地理、线路等大环境的角度去设定新车型的适应性，从安全、效率、

中国高铁第一位女设计师——梁建英

舒适性、节能环保、智能化规划新车型的性能。

梁建英说，对于设计师们，对这些内容的思考既独立又交错在一起，一个技术点产生一个 DNA 代码，不同代码配对，最终勾画出一个复杂、系统、严谨的列车设计图。

按照 DNA 列出新车型的顶层技术标准，设计人员会将其分解为技术指标下达到列车各个技术系统中去。研发新车型一般围绕流线型头型、气密性车体、高速转向架、牵引系统、制动系统、弓网受流、旅客界面、减振降噪、振动模态、列车智能化等关键技术分别成立研发团队，团队独立工作，必要时协作工作。

每一个部件设计完成后，需要通过仿真计算、部件试验优化。部件组成小的系统后，再通过系统的地面验证，一个个系统再组成样车，通过一系列线路运营试验反复验证，如果不成功，从头再来。技术人员称为“循环迭代”，这是极为痛苦的过程。

高速动车组研发是集机械制造、信息技术、电子技术、材料科学、空气动力学、人机工程等多门学科于一体的系统工程。每列动车组上的零部件 50 多万个，一款车型会产生几万张图纸，试验电子数据记录以百兆来计量。

中国高速动车组在时速 200 公里的技术基础上，自主创新提升至 300 公里、350 公里，系统集成技术已经突破和提高，列车子系统与顶层技术指标的作用关系和规律已经被掌握。

基本性能参数、接口参数、结构参数需要与顶层高速列车性能参数实现集成，这个集成不是拼乐高，绝不仅仅是卡口的简单拼接，核心是技术性能的集成，是以万为单位的数据交互式集成。集成成功，设计完成，才能进入样车制造。

在中国首列时速 300 公里高速动车组问世之后，2008 年 6 月，梁建英再次成为 CRH380A 高速动车组的主任设计师，CRH380A 高速动车组的最高运营时速被设定为 380 公里，是当今世界最高技术等级的高速动车组。

针对 CRH380A 高速动车组的研制，清华大学、北京大学、浙江大学等国内 25 所一流大学、中国科学院力学研究所等国内 11 所一流科研院所和 51 家国家级实验室和工程研究中心，以及包括 68 名院士、500 多名教授、200 多名研究员在内的上万名技术人员，聚合了力量，加快了成功的到来。

在 CRH380A 研制成功后，梁建英在多个场合讲述了上面的信息。梁建英认为全面支撑着中国高速列车技术的可持续发展的是一种开放研发的模式，这不仅仅是成功的模式，更代表着开发共享的心态，弥足珍贵。

中车青岛四方作为中国高铁最核心的研制基地，不仅和国内相关技术领域优势高校和研究机构携手，还在德国、英国等地建立国际联合研发中心，聚集全球新技术，激发创新的活力。

（二）仿真试验陪伴高铁研发全过程，锻造中国高铁好“体质”

高速列车不仅是设计出来的，也是试验出来的。这句话说的是高速动车组研发流程中试验的重要性。中国独具特色的“仿真—地面试验—线路运营试验”相互验证的研发流程，将试验固化于高铁研发的全过程。

在梁建英所在的企业——中车青岛四方，会发现中国高铁的试验能力：这里有流体、力学、噪声、电气工程、人机工程、工艺等 8 个仿真平台，涵盖 30 多个专业方向的仿真分析能力，拥有 18 个试验台可以进行系统集成、结构强度、可靠性、人机工程等领域的试验；围绕公司的 3.7 公里环形通道线可以便利地进行地面试验。

“复兴号”CR400AF 在研发开始之前，梁建英和团队将车体的高度由原先的 3.7 米升高至 4.05 米，这 35 厘米高度的增加让车体断面面积增大 7.3%，这是截至目前在线运营车辆当中断面最大的一个，在断面面积增大的情况下，如何能让这个列车的运行阻力尽可能地小？

优秀的头型设计可以很好地减少列车的运行阻力。团队先做了 46 款头型，从中选了 23 款进行了深度仿真试验决胜出来 7 款，这 7 款再做了 1:8 的缩比模型，模型在风洞实验室做空气力学试验和气动噪声试验，最后选定了一款——“飞龙”：外形设计有“中国龙”的寓意，两条红飘带特别像龙的“髯”。

试验出来的这个头型帮助“复兴号”CR400AF 高速动车组实现了一个非常优秀的技术指标：当“复兴号”以时速 350 公里运行时，人均百公里的能耗是 3.8 度电。

最艰苦漫长的是线路运营试验。线路运营试验中，仿真和地面试验与之依然相伴，循环往复。

在 CRH380A 高速动车组的研发中，团队在京津、武广、郑西高速铁路进行了累计长达 2 年、总计 200 多万公里的线路运营试验，进行了 450 余项的仿真计算，1050 余项的地面试验，2800 余项的线路运营试验。

2013 年开始的“复兴号”CR400AF 研发，总共做了 5200 多项地面试验、2300 多项线路运营试验。1 年半的时间内团队跟车试验里程超过 61 万公里。

为了让高速动车组的适应性越来越好，试验中的高速动车组总是奔走在中国自然环境最严酷的地方：零下 40 摄氏度的东北、海拔 4000 米的高原，12 级大风的西北荒漠……

高寒抗风沙动车组 CRH2G 在兰新线上试验，凌晨是百里风区风速高峰时间。整整 2 个月，团队人员每天下午 4 点上车，第二天清晨 4 点下车，12 级大风中的 3 万公里成就了一款高性能列车。

线路运营试验中，有一次梁建英下车检查，连日奔波导致她的腰突然动弹不得，剧痛中她依然坚持到第二天清晨试验结果出来，才躺在床上休息。

2010年，CRH380A在京沪高铁创下了时速486.1公里的世界铁路运营试验最高速，梁建英作为京沪高铁车辆系统技术负责人获得2015年国家科技进步特等奖。2017年，复兴号在京沪高铁以时速350公里运营，让中国成为世界上高铁商业运营速度最高的国家。

（三）时速200公里到300公里的技术升级不是给车多装电机那么简单，拥有核心技术才是“巨人”

我们脚踩油门使车辆加速向前，当时速过了200公里，车内的噪声、车内的振动会带来紧张，如果这个时候对面有一辆车驶来，交会的一刻会有倾覆的感觉。如果这辆车是长度200米以上、时速300公里的高速动车组呢?

高速动车组从时速200公里到300公里，不是给车多装电机那么简单，速度的提升牵一发而动全身，带来很大的技术难度。而多年来，中国高铁对速度的追求没有停止，从掌握技术到掌握核心技术，梁建英将中国高铁的发展路径比喻成“巨人”爬楼梯。

2004年以前的技术水平还停在地面层，多年的原始积累却形成了两个支撑点：相对完备的产业技术体系和人才队伍。这成为中国轨道交通装备业向上攀登的两条强健的“腿”。

2004年到2006年，实现技术引进和消化吸收是第一个台阶。2006年的7月份，中国制造的第一列时速200公里动车组正式下线。

梁建英团队做了 110 项的适应性技术改造，来克服引进车型的“水土不服”。

2006 年到 2008 年。2006 年，第一列时速 200 公里动车组下线，同年也启动了时速 300 公里动车组的设计。这是第二个台阶。中国的高铁团队急于探索属于自己的技术，设计不再是联合设计，而是完全自主设计。

第三个台阶是 2008 年到 2010 年。2008 年，团队启动了时速 380 公里高速动车组的设计工作，也就是和谐号 CRH380A 高速动车组。这时已经找不到可以借鉴的经验了，团队用大量的试验去探索。和谐号 CRH380A 中国高速动车组技术进入世界先进行列，掌握核心技术让中国成为高铁行业的“巨人”。

2010 年到目前是第四个台阶。梁建英团队进入了持续创新阶段，除了成功研发“复兴号”高速动车组，一批新技术、新车型到来：国家 863 项目永磁动车组到来，相较采用传统电机驱动达到节能 10% 以上，显著提升了高速列车能源效率、动力品质等技术指标，推动了中国高速列车牵引传动技术升级；完成了列车在更高速度范围内前瞻性基础问题研究，创造了 605 公里 / 时实验室最高试验速度……

中国目前已经掌握了集设计施工、装备制造、车辆控制、系统集成、运营管理于一体的高铁成套技术，形成了面向全球市场的设计、制造、试验验证、运维服务的完整技术体系和过程管理体系，一大批覆盖高速铁路各领域、各门类的人才梯队式成长，500 余家企业组成的完整高铁产业链相继形成，仅 CRH380A 动车组已带来直接经济效益 900 多亿元。

梁建英和同事们目前正在研制的新高速列车，正向我们“驶来”：时速 400 公里互联互通可变轨距的高速动车组，为国家的“一带一路”倡议建设提供装备支持；填补高铁时速 350 公里、飞机时速 800 公里的中间速度 600 公里高速磁浮列车，其试验样车已于 2019 年 5 月在青岛下线。

四、世界最高时速之外——梁建英讲出中国高铁另外3个超级性能

中国高铁创造了多个世界最高速：最高运营时速、最高运营试验时速、最高交会时速。高速、安全、舒适是高铁技术的追求目标，高速之外，中国高铁还有哪些卓越的性能？

在近20年里，梁建英，这位世界高铁领域唯一的女总工程师，带领团队成功研制了运营时速200—350公里各速度等级的“和谐号”“复兴号”系列高速动车组，中国高铁创造的多个世界最高速均出自他们研制的车型。梁建英回忆了几个故事，讲出在高速之外中国高铁另外3个超级性能。

（一）安静的高铁列车：“复兴号”350公里时速运行时车厢噪声为65分贝

2013年，高速动车组“复兴号”开始研制，梁建英要求团队把车厢噪声比当时大名鼎鼎的CRH380A再降低3分贝——CRH380A的客室中部噪声是68—70分贝，已经达到业内顶级。

高铁动车组的噪声控制一直是世界难题，从技术原理上，降低3

分贝意味着将旅客听到的声音能量要降低到原来的 50%。事实是，即使当时最先进的动车组，车内噪声也达不到 65 分贝这个数值。现实中，噪声的降低并不是单一改变一种材料或调整一种结构就能成功的，而是要对车辆的各个系统进行均衡的综合优化和提升。

CRH380A 的降噪结构就是经过精心设计的，在此基础上再降低 1—2 分贝，从技术角度有很大的难度，当梁建英的同事认为维持在 69 分贝这个噪声指标就已经很不错时，梁建英跟他们讲："你心里的目标不高远，你实现的就不是目标了。"

"复兴号"采用了大量的新设计，比"和谐号"断面增加 7%、空调装置挪到车上、车厢地板调整……这些改变实际上都会增加车内噪声。有专业的小组负责噪声整体控制管理，车体、转向架等专业小组还设专人负责噪声控制措施实施。工程师们在列车所有的关键零部件上寻找降噪方案，设计、建模、试验、优化，隔声试验做了 3000 多次。

试验分析显示，全车最大的局部噪声源是在车顶上，受电弓——这个在车顶升起的"辫子"，在高铁列车高速行驶时，一边不断地从高压电线上汲取电能，一边产生较大的噪声。

噪声技术人员首先想到的技术方案是把受电弓往下沉，减小气动噪声，但这样一来反而压缩了车体降噪设计空间，新产生的矛盾让技术人员一筹莫展。梁建英提出，对受电弓噪声传递路径进行综合管控，通过减振设计降低结构声传播，通过扩大隔声结构范围降低空气声传播。最终的效果非常不错：受电弓区车内噪声降低了 9 分贝。

2017 年，复兴号正式上线运营，在时速 350 公里时，车厢里噪声最小只有 65 分贝，这个指标让中国超越了自己，也超越了世界。

（二）平稳的高铁：“复兴号”的乘坐舒适性指标高于优级

车辆运行平稳性被列在列车舒适度评价的第一位。通俗地说，就是设计师要将列车的上下、横向和纵向振动等尽可能减低。

在“复兴号”试验过程中，一个局部的振动，都会成为梁建英和她的团队关注的重点。列车从时速 300 公里向 350 公里持续提升中，一处车地板有局部振动。加速后振动增加也是必然，但是梁建英感到这是一个非常严重的问题，因为这种局部的振动给乘坐带来不舒适感，也可能对此处的车体寿命带来影响。

随后，梁建英团队在试验列车的不同区域布置了试验设备，对应列车设计图纸、仿真分析资料，希望“抓住”问题。很庆幸，最终找到了问题，并解决了问题。

乘坐高速列车感受到的振动，来源于列车高速运行时轨道对车辆激扰产生的冲击力，这种力通过车辆转向架传递给车厢。转向架是列车的“腿”和“脚”，列车的电机和制动系统也安装在这里，是高速列车的核心部件。梁建英团队把构成转向架的 400 多个部件分解，对关键的十几个部件做了 200 多种的优化试验。

要减振，转向架上设置的由弹簧、橡胶件、减振器构成的悬挂装置是核心，它们相当于人在奔跑时腿脚上的韧带、软骨和脂肪，起到了减振的作用。高铁要跑得平稳，需要找到转向架上悬挂部件的最优悬挂参数。研发“复兴号”时，梁建英和团队设计了几十种参数组合方案反复优选。

空气弹簧安装在转向架与车厢之间。梁建英和团队通过对空气弹簧内部结构进行变刚度设计改造，使车和钢轨之间出现大的横向移动时，让车厢里的乘客始终感觉不到横向的振动。

在进行一系列创新设计后，列车在横向稳定性、纵向稳定性、垂向稳定性这 3 个衡量高铁平稳性的指标上，都达到了世界领先水平，这是高铁列车特别是“复兴号”平稳的原因。

乘坐舒适性指标小于 2.5 即为优级，“复兴号”舒适性指标在 2 以下。人们在买车票时更喜欢买运行列车是“复兴号”的车次，其运行极其平稳是原因之一。

（三）被动安全实现：时速 76 公里对撞试验指标国际领先

“复兴号”从样车制造出来到最终定型，总共做了 5200 多项地面试验、2300 多项线路试验。在 1 年半的时间里，梁建英和团队跟车试验，列车的试验里程超过 61 万公里，等于梁建英和团队陪着列车绕着地球赤道跑了 15 圈。

高铁列车运行速度常常在时速 300 公里以上，长达 200 多米的列车一旦发生安全事故，人员伤亡及经济损失巨大。做高铁总工 10 多年，梁建英认为高铁列车所有的参数、所有的性能都必须给安全让步，产品要合理存在首先就是保证安全，要创新研发技术。

被动安全是高速列车一种安全防护的重要技术手段，是世界高速列车研发领域的一项“高点”。

应用这一技术的碰撞防护装置安装在车头前端，列车一旦发生碰撞，碰撞防护装置通过有序变形吸收碰撞能量。被动安全技术是让高速动车组发生碰撞时产生的有害能量就像打在被子上被吸收，让列车车厢不变形，让乘客更安全。

中国早期引进的外国高速动车组没有这一技术，后来中国创新研制的高速动车组也没有，碰撞防护装置一直是梁建英和团队心头的技术“朱砂痣”。2013年，他们决定在“和谐号”上没实现的被动安全防护技术，要在“复兴号”上实现。

碰撞防护装置形状不大，但是被动安全技术研发复杂。团队在研制过程中，前后研究了数百种不同的结构，做了30多种概念模型，进行了上千次的仿真计算和近百次的试验验证，仅仿真计算生成的结果数据就高达20,000多个G，模型的单元数量达千万级。

这就好像是真的列车在那里，大量试验数据打造而成的隐形列车也一直在那里，如果试验成功，就可以验证所有部件、系统是设计成功的；如果失败，数据列车瞬间消失，一切归零，从头开始。

研发进行了2年多，团队终于来到了试验场，开始现场实车试验。然而，意外发生了：一列车启动，另外一列车静止在轨道上，就在撞击的瞬间，列车几个车厢忽然脱轨……这是所有人都没有预料到的结果，由此带来的试验失败意味着之前由试验数据建立起的隐形列车瞬间消失，时间和成本付之东流，现场的技术人员有的禁不住落泪。

梁建英带领碰撞试验团队复盘，最终发现原因并不在车辆，而是在设计过程中忽视了一个车钩的参数变量设置，导致了试验失败。

之后又经过1年半的研发，除车钩外其他技术同步改进，2019年9月28日，高速列车实车对撞试验再次进行。在这次试验中，车辆成功完成了时速76公里的对撞实验。

经过后续的试验与调试，梁建英团队用了整整 5 年时间研发的被动安全技术最终成功应用到“复兴号”上，降低了碰撞损害，保护乘客安全，技术指标达到国际领先水平。

高速之外，中国高铁研发团队同样始终看重安全性和舒适度领域，取得了卓越的业绩，只是，关于中国高铁的好消息太多，人们无意间忽略了。

链接　什么是高铁虚拟仿真试验？

高铁虚拟仿真试验就是在计算机上模拟真实的高速列车运转环境，研发人员在模拟现实环境中测算、检验列车多项指标，为产品设计改进提供有效的数据和方法支持。

高铁虚拟仿真试验对于优化高速列车设计、降低研发成本具有重要意义，不仅加快了研制进度，更降低了样品试制的返工率。目前，中国高铁虚拟仿真试验平台具有 30 个专业方向的仿真分析能力。

第八章

未来

一、“轨道”上的中国三大经济圈：加速到来的轨道交通新未来

（一）中国三大经济圈新变化

在中国，高铁密集度高的区域集中在哪里？在三大经济圈。

欧洲是最先出现经济圈的地区：英国是伦敦，1800 年就形成了经济圈，到 1971 年伦敦成为英国的经济核心地区；1990 年，占法国国土面积 2.18% 的巴黎经济圈，生产总值占到了国内生产总值的 28%；美国是继欧洲工业革命开始后迅速推进工业化和城市化的国家，形成了以纽约、洛杉矶、芝加哥为代表的三大经济圈；日本明治维新以后加速了工业化和城市化进程，形成了以东京、大阪、名古屋为代表的日本三大经济圈。

改革开放以来，中国也逐渐形成了经济圈，环渤海经济圈、长三角经济圈和珠三角经济圈成为“中国三大经济圈”。

全世界范围内，美国三大经济圈的 GDP 占全美份额的 67%，日本三大经济圈的 GDP 占全日本份额的 70%，中国大陆三大经济圈占 GDP 总量的 1/3 以上。经济圈已成为代表一个国家经济发展水平的重要标志。

从地理位置而言，环渤海经济圈恰是绕了渤海一圈。近年来，环渤海经济圈的地域范围被扩大为“5+2”，即河北、山东、辽宁、山西以及内蒙古5个省区加上北京和天津两个直辖市。因为京津冀地区是环渤海经济圈的核心，“京津冀经济圈”常常代替环渤海经济圈作为中国三大经济圈之一。

高铁成为激发经济圈活力的一部分

长三角经济圈位于长江的出口处，以上海为中心，南京、杭州为副中心，江苏、浙江和安徽三省的几十个城市组成的这一经济圈。据国家统计局数据显示，在2019年，长三角经济区圈有6个城市的GDP总量突破1万亿元，其中上海GDP总量为38155亿元，是中国GDP排名最高的城市。这些数据，显示出了长三角经济圈发展的优质状态。

珠三角经济圈在珠江的出口处，是珠江三角洲区域的9个地级市组成的经济圈。珠三角经济区 9 个城市的 GDP 总量为 8.69 万亿元，约占全国 GDP 总量的 8.7%。这个被认为“世界制造业中心”的区域，正在进入经济圈的更高一个层面：粤港澳大湾区。以香港、澳门、广州、深圳四大中心城市作为区域发展的核心引擎，建设充满活力的世界级城市群和国际科技创新中心，成为“一带一路”建设的重要支撑、高质量发展的典范，未来将与美国纽约湾区、旧金山湾区、日本东京湾区并称为世界四大湾区 。

经济圈在国家经济中地位重要，中国三大经济圈的新变，代表的其实是中国经济的新变。推动了中国三大经济圈新变的力量有许多，轨道交通特别是高速铁路在其中发挥了重要作用。

（二）“轨道上”的中国经济圈

“一定区域范围内”“城市群集合”“经济组织实体”……经济圈定义中的这些关键词，指明经济圈的实质是 “一体化经济”， 而在一定区域内，多个城市协同发展“一体化经济”，为消除多个城市之间发展差距带来的负面影响，首先要发展“一体化交通”。

通常，经济圈发展的第一阶段是经济圈内的 “核心城市”由小到大、由弱到强。第二阶段是核心城市规模太大产生了一系列“不经济”的现象，诸如交通拥挤、地价飞涨、环境污染、人居环境恶化等等。第三阶段是“布网”：建设一体化的基础设施网络，包括轨道交通、高速公路、航空枢纽、海港枢纽等，化解第二阶段产生的矛盾，提高发展质量。

21 世纪初，珠三角、长三角、京津冀三大经济圈先后进入了“布网”阶段。这个时期，以铁路为代表的轨道交通，同步进入快速发展期：先是中国铁路 6 次大提速，之后中国高铁加速到来。

2008 年 8 月，京津城际铁路开通，也是中国高铁建设的起点。京津城际铁路将京津冀经济圈的核心城市——北京和天津的旅行时间缩短到半个小时。

2009 年 12 月，武广高铁投入运营，珠三角经济圈迎来了第一条高铁线路。在收获高铁带来的多种红利后，珠三角经济圈所在的南中国海区域开启了高速轨道交通的加速度模式。

2011 年 6 月，京沪高铁投入运营，之后长江入海处的这个区域成为高铁网络建设的热点，长三角经济圈的一小时经济圈快速形成，沪宁杭经济的一体化特点开始展现。

多年之后回首，会发现“经济圈”和“高铁”这两个概念一直在发展中是并列关系，交通一体化在经济一体化中出现，成为推进经济一体化的核心力量。而交通的一体化中，轨道交通一体化占据着较大的份额。

从珠三角经济圈到粤港澳大湾区，珠三角经济圈的发展和成长中，交通的助力作用更为明显。

粤港澳大湾区的概念是在 2015 年发布的《推动共建丝绸之路经济带和 21 世纪海上丝绸之路的愿景与行动》中首次提出的，2016 年底出台的“十三五规划纲要”明确提出推动粤港澳大湾区建设。

2018 年 9 月，广深港高铁全线通车，香港正式加入国家高铁网络，从广州到香港只需不到 1 小时，把粤港的连通提上了一个全新的高度。广深港高铁连接广州、深圳、香港这 3 个高速发展的粤港澳大湾区龙

城际交通网

头城市，还将香港连接至京津冀经济圈和长三角区域，创造了更多发展机遇，增强了经济圈之间的协同效应。

2018 年 10 月 24 日，港珠澳大桥的投入使用，粤港澳大湾区的人流物流互联互通更为便利，有力促进粤港澳大湾区发展。2017 年，粤港澳大湾区发明专利申请量超过 17.6 万件，超世界其他三大湾区总和。

（三）以经济圈为重点的未来轨道交通

2020 年因为新冠肺炎疫情影响，经济下行压力加大， 新兴基础设施建设，即“新基建”，成为热点。

新基建是数字化、智能化建设，既是新的经济增长点，也代表未来产业发展方向。新基建主要包括 5G 基站建设、特高压、城际高速铁路和城市轨道交通、新能源汽车充电桩、大数据中心、人工智能、工业互联网七大领域。其中，轨道交通被列在第 3 位。

不管是在旧基建中位列“铁公基[①]”的首位，还是新基建中的明确立项，轨道交通都是国家层面的基础建设主体之一。在新基建规划中，轨道交通的未来发展和三大经济圈再次结合在一起——未来轨道交通的发展将以三大经济圈为重点区域。

指导着长三角地区交通运输实现更高质量一体化发展由国家发展改革委（后简称“发改委”）和交通运输部联合印发的《长江三角洲

① “铁公基”是指铁路、公路、机场、水利等重大基础设施建设。

地区交通运输更高质量一体化发展规划》，指导着长江三角洲地区交通运输更高质量一体化发展。规划期至 2025 年，展望到 2035 年。

按照这一规划，到 2025 年，长三角经济圈一体化交通基础设施网络总体形成，对外运输大通道、城际交通主骨架、都市圈通勤网高效联通，铁路密度达到 507 公里 / 万平方公里，基本建成“轨道上的长三角”。

长三角铁路部门早在 2020 年就计划开通商合杭高铁合肥至湖州段、通沪、合安、连镇南段、衢宁等 8 个铁路建设项目。也就是说，在长江三角洲经济圈，2020 年已投资 870.33 亿元修建铁路，未来将有 1000 多公里新线开通。

2016 年 11 月 28 日，国家发改委批复了《京津冀地区城际铁路网规划》。京津冀经济圈以“环京”为主题加大城际铁路网建设，到 2020 年投资 6500 亿元修建 24 条、总计约 3457 公里的城际铁路，基本实现京津石中心城区与周边城镇 0.5—1 小时通勤圈，京津保 0.5—1 小时交通圈。

2019 年 2 月 18 日，《粤港澳大湾区发展规划纲要》发布，纲要提出要加快基础设施互联互通，万亿量级的轨道交通项目开始了快速推进。粤港澳大湾区的 11 市，因为轨道交通的到来，联系将越来越紧密。

深圳：与湾区 6 城有轨道联系，与东莞交通联系最为密切，有 5 条地铁互相接驳、3 条高铁线路及城际轨道串联，与惠州和广州之间有 8 条轨道交通联系。

广州：与湾区所有城市都有轨道联系，与佛山及东莞的交通联系最为密切，均有 10 条轨道交通串联。

香港：广深港高铁将湾区几个重点城市成功串联起来，与内地 9 城的联系越来越密切。

澳门：目前与湾区的联系虽然没有直接的轨道交通，但是未来多条高铁正在规划中。

资金投入规模、建设项目数量、中长期规划……中国三大经济圈集中了轨道交通的建设热点。建成运营的轨道交通网络，已经帮助三大经济圈的一些城市之间形成了“交通一体化”。

（四）经济圈轨道交通特点呈现

因为经济、地域、人口等多方面原因，未来轨道交通的发展以三大经济圈为重点区域，经济圈的轨道交通建设特点也开始呈现。除干线铁路的建设以外，建设城际交通网、通勤交通网、交通服务一体化系统是新趋势和热点。

长三角经济圈轨道交通建设的重点之一是打造城际交通网。加快高速铁路连接线、城际铁路建设，利用干线铁路富余运力开行城际列车，以上海为核心，南京、杭州、合肥、宁波为中心，强化沪宁合、沪杭、合杭甬、宁杭等城际运输通道功能，构建以轨道交通为骨干的城际交通网，实现中心城市间 1—1.5 小时快速联通。

京津冀经济圈以北京城市副中心为中心，构筑通达京津冀各中心城市、枢纽机场的城际铁路网络。粤港澳大湾区的广州与佛山及东莞均有 10 条轨道交通联通，多个城市组成的城市群间的城际交通网已经给大众带来便利。

构建通勤交通网是长三角经济圈轨道交通建设的特点，市郊铁路建设和运营是主要内容。

长三角经济圈鼓励建设中心城区连接周边城镇的市郊铁路，鼓励充分利用既有干线铁路、城际铁路开行市郊列车。具体的措施是：加快构建上海、南京、杭州、合肥、苏锡常、宁波 1 小时通勤网，完善昆山、嘉善等临沪地区一体化轨道交通系统。

京沪高铁丹阳至昆山特大桥助力长三角经济圈的发展

在构建通勤交通网中，机场线越来越多地进入了人们的交通生活。国家发改委网站于2020年发布了《国家发展改革委关于促进枢纽机场联通轨道交通的意见》（后简称“《意见》”），公布了11个枢纽机场联通轨道交通重点项目的清单，10个铁路项目中已有7个项目在2020年开工。不久的将来，在京津冀经济圈的北京首都机场、大兴机场和长三角经济圈的上海浦东机场、虹桥机场等地，旅客会享受到“火车开向机场”的便利。

在三大经济圈不同的交通一体化规划中，都强调了交通运输服务一体化。长三角经济圈近年来开始从运力匹配与时刻安排方面推进城际铁路、市郊铁路“公交化”运营，列车的开行分为大站快车、站站停等多种类型，吸引多方面客流群体，化解大城市的通病——“通勤难”。

居住在三大经济圈的人们近年来发现城市中的交通枢纽越来越多，换乘也在不断优化中：轨道交通同站布置，同站便捷换乘，有的实现了同台或立体换乘；铁路、城市轨道交通间安检互认在增加，月票、年票、积分制等票务服务到来……

（五）三大经济圈未来交通一体化场景

轨道交通在三大经济圈保持着快速发展的趋势，目前新基建对轨道交通产生助推作用，这一轮建设之后，可以预测轨道交通对经济圈一体化经济发展的牵引作用将会更加显现。未来三大经济圈的交通一体化场景会是什么样？

上海，下午6时，公司职员王芬下班离开办公室，坐电梯到写字楼地下层用了2分钟，5分钟后她坐上了地铁，10多分钟后到达上海虹桥站，从快速检票口进站上高铁列车。行驶 17 分钟后王芬在昆山站下车，出站用时几分钟，7 时左右走进自己家的小区。这是在轨道交通支撑下过着“双城生活”人们的日常写实。

未来的场景将是：王芬下班，打开手机 APP，APP 提供了回家轨道交通的最佳线路规划，下楼进出站全程人脸识别，各站安检互通，换乘导航提示，站车 5G 全覆盖，3D 的 AI 技术引入，商务和娱乐出现更多形式……

而这个“未来”，其实已经离我们很近，会在比较短的时间到来。

以智能化、信息化为手段，加快打造智能交通系统，提升交通运输技术装备综合保障能力，实现运输服务水平提升和管理组织模式创新，是中国建设一体化交通体系的主要内容。自身所具有的先天优势，让轨道交通方式会首先实现智能交通系统，这种智能交通系统在三大经济圈已经显现。联网售票一网通、交通一卡通，多个城市实现交通出行“同城待遇”……这些只是小荷刚露尖尖角。

同时，《意见》中还要求促进枢纽机场联通轨道交通，优化轨道交通车站城市航站楼的值机、行李托运等服务，推进轨道交通与机场安检互认，提供便捷的换乘服务。

鼓励开展空铁、公铁等联程运输服务是国家一直提倡的方向，行业专家认为在未来三大经济圈的联程运输服务中，一体化定制服务会是亮点，有望形成市场效益。

在未来的场景中，王芬计划外出旅行，基于移动互联网技术的智能化系统快速提供了个人定制化服务：列车车次、进出站、车上服务、酒店住宿、餐饮预定、沿途风光人文推送、实时天气预报、景点介绍……

定制化推进运输服务与旅游、商务的融合发展，未来的定制化不是“高铁 + 景区门票”“高铁 + 酒店”的方式，私人化、个性化是其特点，可拓展的空间很大。

三大经济圈作为中国经济的核心区域，国际铁路货运通道建设加快、集装箱国际班列开行量继续提升，将带来很好前景。

高速铁路网在经济圈的密度加大，推进了这些区域的铁路客货分线，有需求的重点线路开行双层集装箱。高铁快递、电商快递班列的发展以三大经济圈为重点，会引发越来越多的市场效应。

以“经济圈”“轨道交通”“一体化”作为关键词的中国经济发展场景一直在变化，未来画面更为丰盈和壮丽。

链接 什么是“轨道上的经济圈”？

通过国家干线铁路、城际铁路、市郊铁路、城市地铁四种轨道方式形成轨道交通网络，建立经济圈内各个城市之间的快捷交通，以轨道交通一体化快速推动经济圈经济一体化。

二、未来高铁旅行：数千公里直达，数字化全覆盖

（一）售票、建设、运营新技术支撑

2020 年“五一”前，世界在疫情中动荡不安。

4 月 29 日，中国铁路开通电子客票的车站达到 1075 个，中国大陆高铁和城际铁路实现了电子客票全覆盖；6 月 20 日，电子客票在全国普速铁路推广，覆盖 1300 多个普速铁路车站。

人们在网上购票，无接触进出站，需要退改签也是网上操作，电子客票在疫情防控期间的保护作用明显。

电子客票于 2018 年 11 月在海南环岛高铁开始试点，2019 年 7 月扩大到上海至南京、成都至重庆、广州至珠海（湛江西）、昆明至大理至丽江 4 条高铁城际铁路试点。2019 年四季度后在全国高铁和城际线路大面积推进实施。自海南环岛高铁试点到中国大陆全覆盖，已累计发售电子客票 7.36 亿张，人们已经习惯享受电子客票带来的便利。

假期坐高铁从北京去昆明和成都，这两个从前得坐两天左右火车才能抵达的美食和美景聚集的城市，现在坐高铁当日即达。

在中国，许多人已经习惯了依托于高铁来设计和规划自己的旅行计划，还有未来的生活。被人们依托的中国高铁，是建立在现实的新技术基础上。

京沪线上的大跨度高铁桥梁南京大胜关长江大桥两次获得世界桥梁界最高奖——国际桥协“杰出结构工程奖”和国际桥梁大会“乔治·理查德森”大奖。全长 27.8 公里的石太客专太行山隧道是世界上开通运营的最长高铁山岭隧道。世界第一长桥京沪高铁丹阳至昆山特大桥全长约 165 公里，连接 5 个车站，在美丽的江南形成水上长廊，长廊上几分钟便有一趟高铁驶过。

大跨度高铁桥梁南京大胜关长江大桥

人口数量、国土面积和经济水平，决定了火车是中国人的刚需。面对宇宙第一的这种刚需，铁路 12306 售票系统持续更新，在实现了旅客网上自助购票、改签、退票等功能后，又启动了选座和网络订餐功能。今天的 12306 系统日均售票量 500 多万张，成为世界上点击量最大的售票体系，没有之一。

中国自主研发的列车控制系统，实现了列车最小追踪间隔 4 分钟。通俗地讲，就是一条高铁线上，4 分钟发一趟时速 350 公里的高铁，安全而有序。

京沪高铁是中国高铁建设和运营的典范，自 2011 年开通运营以来，平均每年有超过 1 亿人次在这条高铁线上旅行。2016 年，京沪高铁营业利润达到 10 亿美元，之后逐年稳定增长，创利能力在同行业中世界第一。

（二）高铁建设速度加快，新车型研发加速

大规模高铁建设和长期安全运营，帮助中国铁路具备了在各种复杂地质条件和气候环境下建设和运营高速铁路的能力，这样的一种总体技术水平是世界上其他国家不能达到的。以这一切为基础，在国家的规划下，一个中国高铁更美好的未来正在形成。

高速铁路网在“四纵四横”基础建成后，正在向“八纵八横”前行。那时，中国 20 万以上的城市都会被高铁串起来。显然，中国高铁的建设速度在加快。国家级重点研发计划《先进轨道交通重点专项》已经启动，重点任务之一就是研发形成具备跨国互联互通能力的时速 400 公里高速列车技术和装备体系，这是服务于中国的“一带一路”

倡议的交通利器。600 公里磁悬浮项目同样也已经启动，这是更让人们充满想象和期待的列车。

当你坐上高铁列车，宽大的车窗外是快速移动的中国风景，你如此靠近真实的中国大地，看到它如青春期孩子一样的快速成长——身姿朝气蓬勃，脸上常常也会有青春痘……而在这一过程中，你依然保持着接近于飞行的速度，且不会担心因天气晚点停滞……这是幸福的。

高铁，让中国的交通变得与这个世界上其他地方不同；高铁，让普通中国人的旅行生活变得与旧日不同。与之相伴的一种沉静又强大的力量，正助推这个国家前行的步伐，也给普通人的人生带来更多机会和可能。

链接 中国实现人脸识别乘车

铁路电子车票和人脸识别等科技手段结合，中国多个一等车站已实现“一证通行”人脸识别检票，检票平均速度由 3.8 秒 / 人缩短至 1.3 秒 / 人，旅客体验好感提升。同时，取消纸质车票，绿色环保，也实现了零距离接触进出站，避免疫情期间交叉感染。

三、雅万高铁：中国高铁海外第一单

（一）没有静止的 2020 春天

2020 年 1 月下旬，中国人最重要的节日——春节即将来临，这里有几十个中国工程师没有回国过年的计划，他们是中国雅万高铁的工作人员。

COVID-19 大流行后，在两月短暂的停工后，雅万高铁复工复产。3 月 27 日，雅万高铁的一个重要建设节点完成——最大跨度连续刚构桥两个主墩零号块顺利完成混凝土浇筑，为后续施工提供了可靠的数据和技术支撑。

雅万高铁是印度尼西亚雅加达至万隆的高速铁路，全长约 142 公里，最高设计时速 350 公里，建成通车后雅加达至万隆的时间，将由过去的坐火车 3 个多小时缩短至坐高铁的 40 分钟。

雅万高铁，是中国高铁海外第一单。

这个海外第一单更为精准的描述是：中国在境外建设的第一条高速铁路、中国“一带一路”的重要项目，是中印尼合作最大的基础设施重点项目。

这个中国高铁的海外第一单有两个关键词：一是雅万高铁时速350公里，这是世界高铁最高时速；二是雅万高铁是整体项目，即从技术标准、勘察设计、工程施工、车辆等整体打包建设。

于是，在疫情之中，在2020年的春天，中国建设者没有停止这条在国外的高铁的建设，管理者和工程师们希望将中国高铁更快更好地推向国外。

（二）输出之路

因为多方面外部环境的原因，业绩出色的中国高铁走出国门并不十分顺利。

建设中的中老铁路

雅万高铁是海外高铁第一单，被特别看重。中国建设者希望建设“百年雅万”，就是100年后雅万高铁还在高质量运营。

雅万高铁唯一的动车所——德卡鲁尔动车所的基础管桩深52米，国内的同类型管桩一般在30米以内。为什么用了这样长的管桩？是因为动车所在地下的火山灰淤泥层深达25—30米，超长管桩将彻底避免出现不均匀沉降的情况。

中国的海外铁路项目蒙内铁路，是肯尼亚独立以来最大的基础设施建设项目，也为当地创造了近5万个工作岗位，对肯尼亚GDP的贡献超过1.5%。

中老铁路是中国“一带一路”倡议与老挝“变陆锁国为陆联国”战略对接项目，北起中老边境口岸磨丁，南至老挝首都万象，全长1035公里。这是首条以中方为主投资建设、全线采用中国技术标准、使用中国装备并与中国铁路网直接连通的国际铁路，于2016年12月全面开工。疫情之下，建设者们已于2021年12月建成通车。

中国将铁路技术推向世界的努力没有停止，匈塞铁路、中泰铁路、中尼铁路等境外项目建设都在努力推进中。

四、时速 600 公里高速磁浮列车：立体高速交通即将到来

（一）中国立体高速交通

2019 年 5 月 23 日，时速 600 公里的高速磁浮试验样车在青岛下线，这是吸引世界交通行业注意的信息。

磁浮列车也是在轨道上运行，是轨道交通方式的一种，它和高铁属于同门兄弟。通过电磁力让列车在轨道悬浮，列车与轨道之间完全无接触，再利用直线电机产生的电磁力牵引列车运行。

“抱轨”式运行，列车没有脱轨风险；采用分段供电，同一供电区间只能有一列车行驶，基本无追尾风险；没有传统的“车轮”，行驶时与轨道不发生接触、无轮轨摩擦，比目前最先进的高速列车少耗电 30%——这些优越性让世界交通业近 100 年来一直没有中断对此的探索。

磁悬浮列车分中低速和高速两种。

2003 年，世界第一条磁悬浮列车运营线在上海，是从浦东龙阳

路站到浦东国际机场。造价12亿美元的磁悬浮轨道利用强大的磁场使列车悬浮于铁轨之上。列车使用德国技术，在8分钟30公里的行程内有1分钟时速能达到430公里。

2016年5月6日，世界上最长的中低速磁浮运营线、中国首条具有完全自主知识产权的中低速磁悬浮商业运营示范线——长沙磁浮快线开通试运营。3年共计运送旅客近1000万人次，日均最高近1.5万人次。

人们更对高速磁浮列车寄予厚望。目前，高铁最高运营速度为350公里/小时，飞机巡航速度为800—900公里/小时，高铁和航空运输之间的时速空间，时速600公里的高速磁浮可以填补。

从技术层面看，高速磁浮列车是目前速度最快、实现度最高的地面交通工具，中国特大型城市和城市群多、人口基数大，交通需求随着城市化提升潜力巨大，中国希望在大型枢纽城市之间或城市群与城市群之间建设高速磁浮，形成高速通道。

按实际旅行时间计算，在1500公里运程范围内，高速磁浮是最快的交通方式。以北京至上海为例，加上旅途准备时间，乘飞机需要约4.5小时，高铁需要约5.5小时，而高速磁浮列车仅需3.5小时左右。

高速磁浮拥有“快起快停”的技术优点，能发挥出速度优势，也适用于中短途客运，可用于大城市市域通勤或连接城市群内的相邻城市，大幅提升城市通勤效率，促进城市群“一体化”“同城化”发展。

中国人对高速磁浮的关注，其实是对立体高速客运交通体系的期望。

时速 600 公里的高速磁浮交通系统在青岛下线

（二）中国高速磁浮

高速磁浮处于世界轨道交通技术“制高点”。中国时速 600 公里的高速磁浮交通系统研究是国家重点研发计划，于 2016 年 7 月启动。项目由中国中车牵头，中车青岛四方具体实施，聚集中国高铁、磁浮领域优势资源，联合 30 余家企业、高校、科研院所共同攻关。

研究团队历时 5 年攻关，成功攻克关键核心技术，系统解决了速度提升、复杂环境适应性、核心系统国产化等难题，实现了系统集成、车辆、牵引供电、运控通信、线路轨道等成套工程化技术的重大突破。

2021 年 7 月 20 日，中国具有完全自主知识产权的时速为 600 公里的高速磁浮交通系统在青岛下线，这是世界首套设计时速达 600 公里的高速磁浮交通系统，标志着中国掌握了高速磁浮成套技术，具备了推进线路试验和工程化示范的条件。在建设高速试验线，完成高速磁浮综合试验和示范运营后，时速 600 公里高速磁浮将驶来！

图书在版编目（CIP）数据

领跑：中国高铁 / 赵妮娜著 . -- 北京：外文出版社，2021.12
（辉煌中国）
ISBN 978-7-119-12973-0

Ⅰ . ①领… Ⅱ . ①赵… Ⅲ . ①高速动车 - 概况 - 中国 Ⅳ . ① U238

中国版本图书馆 CIP 数据核字 (2021) 第 264561 号

出版指导：陆彩荣
出版统筹：胡开敏
责任编辑：曹　芸
助理编辑：胡骞月
图片提供：顾云鹏　姜　超　李睿　刘一赢　舒骏逸　王　璐　王　嵬　武嘉旭　等
（按姓氏拼音排序）
装帧设计：北京正视文化艺术有限责任公司
印刷监制：章云天

领跑：中国高铁

赵妮娜 著

出 版 人：胡开敏
出版发行：外文出版社有限责任公司
地　　址：中国北京西城区百万庄大街 24 号　　邮政编码：100037
网　　址：http://www.flp.com.cn　　电子邮箱：flp@cipg.org.cn
电　　话：008610-68320579（总编室）
008610-68996144（编辑部）
008610-68995852（发行部）
印　　刷：北京盛通印刷股份有限公司
开　　本：710mm × 1000mm　1/16
字　　数：155 千字　　印　张：20.5
装　　别：平装
版　　次：2021 年 12 月第 1 版第 1 次印刷
书　　号：ISBN 978-7-119-12973-0
定　　价：98.00 元